18 TOOLS
FOR TEACHERS

GEI JIAOSHI DE SHIBA GE GONGJU

给教师的18个工具

——教师应掌握的心理学方法

（美）朱利安·泰普林 著

张祥荣 景光仪 著

四川教育出版社
·成都·

图书在版编目（CIP）数据

给教师的 18 个工具：教师应掌握的心理学方法 /
(美) 泰普林 (Taplin, J.) 著；张祥荣，景光仪译.
成都：四川教育出版社，2007.4 (2021 重印)
 ISBN 978-7-5408-4472-1

 Ⅰ.给… Ⅱ.①泰… ②张… ③景… Ⅲ.教学心理学
Ⅳ.G441

中国版本图书馆CIP 数据核字（2007）第 038263 号

责任编辑　张纪亮　王积跃
封面设计　何一兵
版式设计　王　凌
责任校对　伍登富
责任印制　陈　庆　杨　军
出版发行　四川教育出版社
　　　　　地　　址　成都市黄荆路 13 号
　　　　　邮政编码　610225
　　　　　网　　址　www.chuanjiaoshe.com
印　　刷　三河市明华印务有限公司
印　　刷　四川胜翔数码印务设计有限公司
版　　次　2007 年 4 月第 1 版
印　　次　2021 年 6 月第 4 次印刷
成品规格　170mm×244mm
印　　张　10.75　　插页 1
书　　号　ISBN 978-7-5408-4472-1
定　　价　35.00 元

如发现印装质量问题，请与本社联系调换。电话：(028) 86259359
营销电话：(028) 86259605　　邮购电话：(028) 86259605
编辑部电话：(028) 86259381

前 言

2004 年 10 月，朱利安·泰普林（Julian Taplin）先生送我三本书，其中一本是刚出版的《父母都是教育家》，对应的英文书名是：*All Parents Are Educators*。我回赠泰普林先生三本书，其中一本也刚出版不久，书名是《新教学模式之建构》。泰普林先生是美国的心理学家，1984 年曾作为美国心理学家代表团成员访问中国，他与我院（四川省社会科学院）家庭教育部主任张祥荣等人合作从事中美合作教育 TSP 项目研究已经九年了。T（Think）指"开放思维"，S（Study）指"有效学习"，P（Protect）指"预防保护"。我认为"TSP 项目"应加以扩展，使教师教育也成为其中的内容。我建议我俩共同研究并撰写一本教师教育的新书：*All Teachers Are Learners*，《教师都是学习者》。泰普林先生一听这个题目就兴奋不已，连声说："Very good! Very good!"

第二天，我就草拟了一个提纲。由泰普林先生撰写 8 章，着重在心理学研究成果的基础上，为教师提供实用的、可操作的方法；我撰写 8 章，着重在教育学研究成果的基础上，为教师提供实用的、可操作的方法。大家交流各自的意见后，只作了微调，即取得共识。

2005 年 2 月，泰普林先生从美国寄来英文书稿 8 章，我也完成了书稿的 8 章。泰普林先生书稿的核心内容是："教师应向学生提供的 18 个工具"；我的书稿的核心内容是："提供给教师们选用的 20 把钥匙"。2005 年 4 月 18 日，我们在四川省社会科学院再次讨论书稿。他写的是工具（Tool），我写的是钥匙（Key）。

他问我为什么一定要分为 Tool 与 Key？我俩来自不同的文化背景，写作又有不同风格；侧重的学科也不同，一是从心理学角度为教师提供的方法（工具），一是从教育学角度为教师提供的方法（钥匙）；心理学和教育学这两大学科，本身是交叉融合的。从"方法"意义上看，都可称为"工具"，也都可以称为"钥匙"。为了保持各自的特色就暂且一个称"工具"，另一个称"钥匙"，相互交换称呼也可以，不必追究"工具"和"钥匙"的词义差异，都是提供实用的方法。他接受了这一解释。同时，他认为我们原先定的书名《教师都是学习者》一般化，"亮点"还不突出。于是我就改为《教师的钥匙和教育的工具》，英文可表述为：*Keys for Teachers and Tools for Education*。

经过近一年时间的研究、翻译、校对、修改、整合，仍难以将两人写的书建构为一本内在融合的书。此外从读者阅读和出版发行看，分为两本书还是更好些。于是就又分成两本作为姊妹篇的书：《给教师的18个工具》和《给教师的20把钥匙》。

《给教师的18个工具》的核心内容是在心理学研究成果的基础上，给出了教师应向学生提供的18个工具。全书分为四个部分：（1）思维的实用工具（T1—T5）；（2）教与学的心理学实用工具（T6—T10）；（3）保护和预防的实用工具（T11—T15）；（4）培养成功学生的实用工具（T16—T18）。

为了便于读者学习和掌握，这里将每一件"工具"都用一句话作出简要概括。如果概括得不恰当，这应该由我负责。在我写的《给教师的20把钥匙》中，对每一把"钥匙"，也都用一句话作了简要概括，这样，两本书在形式上就统一了起来。对这18个工具的简要表述如下：

● **思维的实用工具**

T1　教会学生怎样思考：认识逻辑，理解感情，寻求多种方法解决问题。

T2　开启大脑，激发思维：灵活思维、前瞻思维、换位思维、分析思维、系统思维。

T3　促使学生自我教育：教会学生自己提问，增强自我约束，自我激励。

T4　让学生认清错误观念：用积极的思维方式思考不幸事件，改变消极情绪。

T5　引导学生走上乐观希望之路：制定目标，制定策略，投入精力，动态调整。

●**教与学的心理学实用工具**

T6　榜样和示范：通过榜样和示范进行教育，运用榜样的情感技能。

T7　奖赏和惩罚的强化：掌握奖赏和惩罚的技巧，注意奖罚的时机与分寸。

T8　学会学习：使你的学生成为擅长学习，不断改进学习方法的高手。

T9　自我诊断：教会学生成为教育效果的自我诊断者，这样他们才能进步。

T10　化解压力：帮助学生从不同角度分析压力、理解压力，支持与压力相匹配。

●**保护和预防的实用工具**

T11　健康教育：预防为主则相对容易，挽救生命意义重大。

T12　青春期教育：帮助学生理解青春期的烦恼，避开青春期的陷阱。

T13　学会交往：了解个性，学会人与人之间交往的技能和原则。

T14　认识早恋：减少早恋的负面影响，帮助学生学会与异性交往。

T15　抵制诱惑：帮助学生避免物质享乐的诱惑，获得真正的幸福。

●**培养成功学生的实用工具**

T16　成功步入社会：帮助学生学会选择适合自己的职业和工作，充分发挥自身潜能。

T17　学习领导才能：应当传授给学生的一个重大技能是组织领导才能。

T18　办好学校：把学校建成高质量的组织，有效地解决学生行为养成等各种问题。

本书由朱利安·泰普林撰写（原文英文），共8章。第1章、第3章、第4章、第5章、第6章、第8章由景光仪译为中文；第2章、第7章由张祥荣译为中文。景光仪、张小涛对《给教师的18个工具》和《给教师的20把钥匙》两本书作了校对。查有梁撰写前言以及负责这两本书的统稿工作。

泰普林先生已71岁，我今年65岁，我俩都有40多年教育和研究的经验和经历。泰普林先生是美国人，但十分了解中国的家庭教育，从事相关研究多年。景光仪助理研究员是英语专业学士，四川师范大学教育学硕士，正在攻读博士学位。张祥荣先生留学欧美，且与泰普林先生已在"TSP项目"中合作多年。张小涛是电子科技大学的理学学士，正在四川师范大学攻读心理学硕士学位。我作为中国学者曾三次去美国，在哈佛大学、加州大学圣迭戈分校（UCSD）做过高级访问学者，了解一些美国学者的研究方式。

本书的显著特点是：易于操作，具体有效；理论深入浅出，应用简明可靠。本书不是学术专著，而是属于有研究背景的科学普及型的教师教育读物。

我们的这两本书，从初稿写成到交付出版，经过了一年多的时间。无论是英文稿还是中文稿，都经过了多次修改，我们力求做到尽善尽美，精益求精。虽然我们并未达到这个高标准，但我们的态度是端正的。我们认真对广大教师负责，力求使他们读后真正有所收获。

2005年11月泰普林先生再次来到中国四川。11月5日，我同泰普林先生一起为雅安市荥经县培训教师。泰普林先生为雅安市的一所希望小学捐资16万元，使我们深为感动。

泰普林先生幽默地说："我常常梦见自己前世是中国人，上天安排我今世生活在美国，是让我能够体验到不同类型的文化，接受不同类型的教育，只为了能让我更好地服务我梦中的故乡——中国。"

我相信，从方法论的视角看，本书的内容不仅适合中国的教师参考，同样也适合美国的教师参考。毕竟我们都生活在地球这个家园里，毕竟在"教师教育"这个领域内，中美两国都有许多相同的问题需要解决。《给教师的18个工具》和《给教师的20把钥匙》，是我们献给教师的礼物，但愿广大教师们能够愉快地接受。

查有梁

2007年1月5日

写于成都青城山

目　录

第 8 章　18 个工具之外

第 *1* 章 教育目的

1.1 教育者的教育目标是什么

不同的文化背景有不同的学习目的吗？全球经济一体化是忧还是喜？中国期望不同于西方国家的教育结果吗？教育应该培养什么样的人？要回答上述问题，让我们从追溯历史开始吧。

一些人在谈及西方学习方式时，喜欢追溯到古希腊的哲学家苏格拉底的学习方式，而在谈到中国的学习方式时，喜欢追溯到孔子的学习方式。或许从某些方面来看，这些论述是正确的，但是这些论述并没有揭示出东西方学习方式的整个画卷，也没有告诉我们未来学习的最好方法。下面我们看一看两位哲学家的教育观点，以及对未来的要求。

关于两位哲学家的基本教育观点，特维德（R. G. Tweed）和莱曼（D. R. Lehman）教授对此进行了比较：

苏格拉底（公元前 469—公元前 399 年）的主要教育目标是知识的自我获得。他主要的学习方法就是问题法（产婆术方法），问自己和他人——怎样或者为什么知道这些知识？怎样或者为什么其他人认为他们知道了那些知识？苏格拉底获得知识的途径就是在他人内心设立疑问，然后通过问题进行引导，直至理性的结论。一系列的结论就是知识的自我获得。这样的知识是建立在理性推导的步骤基础之上的。苏格拉底特别针对那些没有确凿推理就宣称某个事物是真理的人，他称这样的宣称为观念，是知识的对立面。历史记载告诉我们，苏格拉底在使那些误把观念当做知识的名人感到难堪时享受着快乐。根据苏格拉底的观点，真理必须通过"问"和"答"的过程才能够被发现。苏格拉底对于利用知识促进社会发展却鲜有论述。

孔子（公元前551—公元前479年）致力于教育领导者在公共事务中尽职尽责。他认为，学习要努力刻苦，掌握知识需要大量的练习，要努力运用知识。孔子认为学习的目的在于获得优异的才能为民服务，这能够促进社会发展。学习本身不是孔子的教育目的。由此可见，孔子并不大力提倡创新或者创造新知识。相反，他重视礼仪学习和礼仪知识的传递，他将此看做根本。孔子认为，世界上存在真理，人们必须认真地、仔细地、尊敬地去学习。①

根据第一印象，我们可能会说："是的，苏格拉底的学习方式听起来类似西方学生学习的方式，特别是美国学生学习的方式。西方国家学生会提出一些不敬的问题，经常会出现不尊重老师的现象，因为他们认为个体极其重要。而孔子的礼仪教育及其传递是为了集体的利益，这就是中国文化的方式。"

然而认为西方教育遵从苏格拉底的教育方式，而中国追随的是孔子的教育方式的观点是非常不全面的，也过于简单。原因在于，这两位教育家相互实践着对方赞同的教育观点。苏格拉底了解基础知识——显然他已经掌握了那个时代运用希腊语的纯熟技巧。他研究了他的反对者会说些什么，因此他能够预料到他们的态度。他曾经记录了那个时代大量的诗歌和史诗。苏格拉底所有的这些所作所为都与孔子所提倡的极为一致。另一方面，孔子期望他

---

① 这是两位外国教授对孔子的理解。他们认为孔子不大注意"问题法"。事实上，在《论语》中，有关"问"就有120处，而且孔子还强调"每事问"（《论语·八佾篇第三》）；儒家主张："博学之，审问之，慎思之，明辨之，笃行之。"（《中庸》）——译者注

的学生能在某种程度上评价或者置疑他的教育——什么样的教育在国民服务体系中能够达到最好的结果。孔子的这些活动也与苏格拉底所主张的具有一致性。

他们是众多有影响的教育家中的两位。每种文化，无论西方的文化还是中国的文化，都已经有很多人对怎样学习和学习的目的产生过影响。比如老子、朱熹等教育家和许多帝王就影响过我们的文化认同下的学习目的。

1.2　当前教育目标和未来教育目标

我们认为，仅仅遵循苏格拉底的基本观点或孔子的基本观点，都不能够为 21 世纪以及未来的学习目的打下良好基础。

效仿苏格拉底的学习方式显然是低效的。当今社会为那些缺乏基础知识而轻率提问的人提供的空间越来越少。美国许多公司不满意学校的教育成果，因为许多学生基本技能和学习基础太薄弱。有些公司，比如摩托罗拉，已经开始拥有他们自己公司管理的技术大学，以便学生能够获得一定学科深度的基础知识。其他一些公司，比如微软，提供能力证书，以便学生具备进一步学习的基础。

遵循孔子的学习方式显然也是低效的。确实存在学生温顺而被动地学习堆积如山的事实材料的现象。但这不应该是主流。在这样的教育下，这类学生很可能被训练成为下属，成为那些寻求机会和可能性的学生的下属，以及知道怎样问"为什么不？""如果怎样又会怎样？"等等学生的下属。政府、教育机构和公司迫切需要不断改进，这就需要善于提问，需要尝试不同的方法，需要改变事物已有的方式。学习基础知识和好的提问方式结合起来显然会起到积极作用。仅仅被动地学习基础知识不是值得肯定的方法。

未来最佳的教育目的是什么？现代社会已完全不同于孔子和苏格拉底所生活的时代。

（1）他们两位教育家生活在科学时代之前。科学就是必须建立在证据之上的知识。科学涉及的方法是运用数据来证明或者证伪。科学已经给予了我们的世界大量的知识，诸如天文学、化学、物理学、医学、工程学和心理学等等。学科知识不再是创造发明出来的，事实上，也不是单凭个人提出聪明的问题就能够创造的。现代的学习态度必须考虑科学和不断的科学发现。①

（2）他们两位教育家生活在经济社会之前。除了为政府和教育部门工作的雇员，无论在中国还是在西方国家，人们主要靠在企业工作赚钱养家糊口。因此学习的态度必须考虑到谋利的实体——特别是大型公司，它们在我们日常生活中相当普遍。

（3）他们两位教育家生活在经济全球化和通讯媒体全球化之前。当今，全球经济竞争渗透到全世界大多数人们的生活中。全球通讯传递着消息，改变了人们的观念。全球化运输和国际资本的流动促使寻找体面工作和薪酬的竞争愈加激烈。

那么现代的学习态度应该如何？我们看看一些学业成绩优异者的例子。著名的商业出版商福布斯在全美搜寻到最拔尖的高中生。下面是"十佳"中的三位：

> 赖安·帕特森（Ryan Patterson），18 岁，来自科罗拉多州的 Grand Junction，他设计并制作了一种手套，可以将手语（聋哑人通过手的动作进行交流的语言方式）转化成计算机屏幕上的字母。他的这个装置获得了专利保护。他获得了西门子—威斯汀豪斯科学和技术竞赛一等奖，同时还获得了英特尔公司青年科学家奖，获得超过 30 万美元的奖学金。他还被邀请参加诺贝尔奖颁奖典礼。

> 汉纳·克雷格和希瑟·克雷格（Hanna and Heather Craig）是对双胞胎，18 岁，来自阿拉斯加州的安克拉治，她们发明的机器人能援救跌入冰窟的人。她们获得了西门子—威斯汀豪斯科学和技术竞赛第二名，获得奖学金 5 万美元，还获得英特尔公司青年科学家奖二等奖。显然，她俩及其发明前途光明。

---

① 发明（invent）和发现（discover）在英语里意义不同。过去不存在，而由人创造出来的新东西，称之为"发明"；过去已存在，但不为人所知，一旦被人所知，则称为"发现"。作者认为，科学知识不是发明，而是发现。事实上，科学知识既有发明，也有发现。——译者注

布鲁斯·当（Bruce Dang），18 岁，来自华盛顿塔科马，他 15
岁时创办了一家为全美主要出版商提供技术类图书评论的公司。其
中的一篇评论发表在一本重要的商贸期刊上。他是微软认证的工程
师，是一家全国计算机网络的安全和技术主管。

我们思考一下这些小故事。首先，这些学生能够在没有大量基础知识的
基础上取得成就吗？显然不能够。他们每个人都按照孔子所要求的那样掌握
了基础知识和基本技能。

其次，这些学生能够在没有掌握苏格拉底式提问技能的前提下就取得了
成就吗？苏格拉底式提问就是诸如这样一些问题："忽视一些问题有什么益
处？""我们怎样将观念和技术以一种新方式结合起来，以便制造新产品或者
获得新资源？"这些学生显然不仅仅吸收知识，而且还会提问："我所学的知
识怎样才能够有助于我找到解决问题的方法？要解决问题我还需要知道些什
么知识？"

无论怎样，这些学生的学习都融合了孔子和苏格拉底的学习方法。假如
我们能够多年观察他们，就能够发现他们运用的技能正是我们在本章谈论的
学习方法。通过了解这些学生，我们完全可以得出这样的结论：同时具备孔
子和苏格拉底学习方法的优秀人才，一定能够达到他们创新性的观念所引导
的目标。

让我们继续看看计算机技术产业一些最成功的例子。我们发现和上述学
生完全相同的学习模式——领导者都在成为领导者之前满怀热情地学习了基
础知识。在某些地方他们还有很多令人兴奋的思想。这种成功模式不仅在美
国和日本存在，而且也存在于其他上千人，甚至上万人中。比尔·盖茨、戴
尔、索尼和格特威做了什么呢？他们的观念变化怎样成为改变我们生活的产
业力量？

◇他们具有团队工作的技能。他们从创业开始都有核心的同事或者合作
　伙伴。

◇他们具备领导艺术和以顾客需求为导向的品质。他们能够接受批评，
　事实上他们乐于接受批评以便事业做得更好。

因此面向未来我们提出包括六个方面的学习方法：

　　树立探究和自我更新的精神。未来将属于那些人，他们知道怎样思考，怎样使思维有序，怎样跟上知识变化的步伐。

　　学习基础知识。为了能够提出智慧的问题，探究精神要求了解什么基础知识是必须的，尤其是在这个科学的时代，在这个贸易全球化和文化交流频繁的时代。

　　学会怎样发现新知识。理解怎样积极地发现新知识是自我更新的关键。热情探究的精神是巨大的财富。

　　学会团队合作。具备团队合作精神是达到关键目标的基本素质。这种素质是具备领导才能的基础素质。中国人似乎还没能够以团队合作的精神屹立于世界，在这方面我们还需要有更大的提高。

　　学会领导才能。领导才能、提出意见和接受意见的能力能够使你不断把事情做得更好。"其他人的感受怎样？"——这个问题会再一次随着领导才能而被提出。

　　学会强健身体和保持健康。这有利于我们的精神状态，有益于我们延长生命，带来更加丰富多彩的生活，能够减少医疗保障系统的压力，能够减少流行病。

　　为什么除了学术技能以外，还要列出其他技能呢？有三个主要原因：

　　（1）仅有学术技能还不能够完全准确地预期一个人未来生活的走向。一方面，一些学业成绩良好的学生却可能缺乏获得或者胜任重要工作的技能，或者犯严重的错误。另一方面，许多在纯学术方面表现平平的人却能够将他们的才赋和领导才能结合起来，在职业生涯中取得巨大成就。

　　（2）保护学校和老师的投入精神是有道理的。为了获得优秀奖学金而一无所获，不明白团队合作和社会关系的重要性，或者不能够充分地表达自己的思想，都是不正确的。

　　（3）在全球化市场下必然有竞争。全球化市场要求培养具有全面技能的学生，使他在企业中能够胜任领导职位。至少我们应该培养这个层次一定比例的人才。

　　为了达到这些目标，本书提出了一系列工具，这些工具是研究工作的强有力基础。这些工具的有效性能够被测量。我们依据了心理学和教育学的研究成果，所谈论的内容都有事实证据，而不仅仅是理论观点。

这些事实证据来自哪里？美国大约有 2 万名心理学家。每所重点大学以及大多数学院都有心理学系和教育系。他们的研究得到政府、私人基金和大学的资助。这些研究成果会被挑剔的同行匿名评审。如果被认为是正确无误的，就会登载在参考性期刊上。这就像其他领域的科学研究，大量的研究者构建了经过反复检验的思想和理论。就像物理科学是构成工程和技术方面革新的基础一样，心理学和教育学的研究也是目前教育技术和教育方法的基础。在这本书中，我们将融合中国和美国最新的、被证明了的、有实践意义的思想和理论。

1.3 不良的学习氛围和良好的学习氛围

获取技能是学生主要的生活目标，技能包括学术技能、处理人与人之间关系的技能、解决问题的技能、交流的技能，以及其他许多必备的技能。获取技能要花费精力，因此我们坦率地提醒父母们：

要在竞争的社会中表现出色，孩子必须有才能，有灵活性。轻松的生活决不能达到这个目标。相反，轻松的生活将导致严重的问题。例如不断地过分索求，与领导相处的障碍，自我中心主义，遭遇挫折要么悲伤要么愤怒，而且不知道如何改进，这些都会让父母感到失望，让孩子感到垂头丧气。

认为必备的技能和自我控制不需要努力就可以获得的观念是错误的。孩子必须在学校进行竞争。这就不仅需要学习的技能，而且也需要建立自我纪律约束的技能和坚持良好学习习惯的技能。最终他才能够进入社会与其他人进行竞争。为了得到一个好工作，他必须做得比老板希望的更好，必须比竞争者更高效地工作。下面是不守纪律的或者是被过分溺爱的孩子容易出现的问题：

◇不了解规则或者禁忌；

◇认为规则仅仅适用于他人；

◇体重超标；

◇做不到正常孩子能够做到的事。

例如美国有资料表明，超重的孩子通常比体重正常的孩子抑郁。同样，被溺爱的孩子不能够考虑到他的团队的利益，因此当上司得到提升时，他很可能感到愤怒和沮丧。

缺乏自我纪律约束的孩子形成了自己的兴趣和才能，他们不大可能对生活心存感谢，不大可能发现生活的意义。他们局限于短暂的快乐中，而不是令人满足的充满成就的生活。因此什么是正确的道路？怎样找到它？下面我们讨论树立美好的目标和建立良好的交往方式的问题。

理解幸福和成就是设定目标的第一步。聪明的研究者们已经对幸福和成就进行了调查研究。或许最重大的发现就是，源自愉悦、食物、水和占有等等的幸福是不可靠的，是不确定的。它通常蒸发得越来越快，再次获得幸福感的刺激要求也越来越大。

另一方面，源自于挑战的幸福促使我们专注于刻苦努力和自我成长发展，这样的幸福是可靠的、稳定的。这样的幸福很可能使我们通向富有成就的人生。这些挑战包括学术造诣、乐器演奏、制作精美手工艺品、投身于服务他人的项目、接受训练成为明星赛跑选手或者足球运动员、成为计算机奇才、领导一个团队、学习戏剧唱歌和表演、成为英语之星、致力于学校的一个项目等等。在这些挑战中，学生的创造力和表达能力受到全面的挑战，他们沉浸在努力和专注当中，享受着问题解决后的喜悦。

我们可以得出这样的结论：欲达到这些目标，需要探究和自我更新的精神，需要学会团队合作、学会领导才能，需要发展乐观的身心，需要学生、父母和老师付出艰辛的努力。我们要考虑怎样达到这些目标，应该采取怎样的观点和态度。包容是我们对待冲动孩子的正确方法吗？孩子就像17世纪的英国教育家通常所认为的那样充满了必须去除的缺点吗？我们的观点是，我们帮助孩子获得新的技能——包括获得新技能的技能——来达到这些目标。

1.4　最有效的迅捷方法是技能

在所有观察人们行为的方法中，有一种方法卓尔不群。最近，心理学家的研究结果表明，根据技能思考判断人们的行为富有成效。

◇学生的技能，老师的技能；

◇需要提高和加强的技能；

◇需要形成锁定一个问题的技能；

◇有助于人们解决问题的技能、创造性技能和睿智领导的技能。

…… ……

下面是一些说明我们观点的例子：

有位青年女学生学习三角学，学得很慢。我们或许可以说她太笨了，告诉她别懒惰。但是这些对她没有丝毫指导价值，还会增加她的紧张感和负罪感。相反，这恰好也说明了她缺乏技能，判定她缺乏哪种技能然后教给她会更有效。

一个学生被抓获在盥洗室墙壁上涂鸦。我们可以讲他是个坏孩子。但是这样却往往事与愿违——这个孩子就相信自己是个坏孩子。相反，如果我们认为他缺乏一种技能，这可能会更加有效。或许他不能够考虑到他人，或许他不能够理解学校要求的美德，或许他不能够建设性地表达他的感情，或许他不能够预见到后果。这个例子再一次地证明，确定所缺乏的技能然后教育他会更加有效。

老师对于难以管束的班级很头痛。他们花上大量的时间维持秩序。他们对学生大喊大叫，事实上这将使事态恶化，而且学生还会认为这很有趣。因此老师这样做没有任何意义，老师的这些行为只能够成为学生的娱乐。老师教会学生技能比维持秩序的行为更加有效。

当新的领导者初到一所劣迹斑斑的学校时，她会召集老师和学生，大声讲道："这所学校太糟糕了！必须得到改善，否则我要进行严厉处罚。"这是个失败的策略。当老师和学生受到严厉谴责时，他们无所适从。他们只会感到沮丧，他们开始反射领导者的气愤和否定。事实证明，如果领导者认为，"老师、学生和后勤人员是因为缺乏技能而没有形成一个有效的组织，我会一步一步地教会他们那些技能"，那么情况会得到扭转。

正如上述例子表明的那样，技能关乎做事，技能关乎与他人相处，技能关乎自我管理，技能关乎管理大型组织。提高技能以及形成新的技能是人们主要的任务，因为在不断变化的社会中人们职业生涯将不断转化。技能意味着人们将自己看做不断学习的机体。这样，不同年龄的人都可以，都应该在他们整个人生阶段学习新技能。

在我们这本写给教师的书中，我们强调三个主要技能：

◇思考；

◇教学和学习；

◇保护。

这就是我们大力提倡的"三技能项目"方法（TSP）。老师和学校领导者还要多一个技能领域，即学校的氛围及其有效性。因此，在这本书中我们提出四个方面的工具，这些工具是有关学校怎样成功地培养学生适应这个纷繁复杂、充满竞争的社会的。

"三技能项目"包括了三本书：

◇《父母都是教育家——一本来自美国的家教经典》；

◇《我能做好——中学生健康心理和良好习惯自我引导技巧》；

◇《我要做只快乐鸟——小学生健康心理和良好习惯自我引导技巧》。

这三本书的主题和内涵基本相同，因此当你想教会年轻人或者父母们技能时，你会发现写给他们的书是笔巨大的财富。这三本书通过精心编排的插图、举例和表格为你提供了与父母、成年人和青年学生合作的方法。

我们也从美国引进了一些优秀图书到中国，包括：

◇《新生伊始——学龄前宝宝的养育方案》；

◇《关爱犟娃娃——儿童的五周训练方案》；

◇《离婚与孩子——帮助孩子走出困境的50种有效方法》；

◇《幸福婚姻七法则——来自全美首席婚姻专家的家庭幸福指南》。

由于上述图书在美国市场上受到广泛欢迎，我们挑选了这几本书。比如像戈特曼（Gottman）的书，就名列纽约《时代》杂志畅销书目录。

思考的技能、与他人相处的技能和乐观而灵活的生活态度是在农场、公司、工厂或者大学等各个领域高效工作的金钥匙。显然，成功人士接受挑战并不断学习。事实证据又如何呢？大量研究表明，具备这些技能的人成了更优秀的、更有成效的、更有用的人。他们比不具备控制自己感情的能力、不能和他人合作共事、不乐观的聪明人强。

　　这本书为你提供了一个工具箱，它收集的好主意能够让你教会学生思考的技能、学习的技能和自我保护的技能。

第2章 西方关于优秀教师和优秀学生的研究

如果有人问一群专业人士："我们如何才能实现（教学）目标？"或许有人给出的第一回答就是："要有良好的学术基础——学生必须是优秀的学习者。"这当然合情合理。站在他旁边的同事补充道："只有有了优秀的教师，这一切才有可能。我们也必须拥有优秀的教师。"第三个同事接着说："仅仅能够完成学习任务恐怕也不够。学习上很优秀的学生中有相当比例的人在生活中表现得并不成功，因为他们在某些基本的个人素质方面有所欠缺。学生必须与人为善，必须灵活，必须具有竞争力，而且能够成为优秀的团队成员，如此等等。"另一个同事也许还会接着说："他们必须能够在这日益困难而且风险越来越大的环境中开辟自己的道路。"最后，可能还会有一个同事这样补充："是这样。然而如果学校没有一个健康、公平的氛围，这些同样是没有用的。"

这些评论都是合理而正确的。他们都提供了很好的策略。

我们是这样实现（教学）目标的：

◇塑造优秀的学生；

◇聘请优秀的教师；

◇教育学生在这个充满挑战并时刻变化着的世界中竞争、生存；

◇营造健康的校园环境。

事实上这也是本书的组织结构。因此我们首先要着眼于关于学生技能的研究，然后关注有关优秀教师教学技巧的研究。通过综合讨论，本书也为该主题提供了一种简单实用，而且以研究结论为基础的分析工具。使用这一工具，你不仅可以提高学生的专业技能，还可以锻炼自己作为教师的专业能力。

第 3 章是对我们所选择的分析工具的概述。第 4 章、第 5 章和第 6 章展现的是如何使学生迎接他们将要面临的挑战、我们自己如何成为优秀教师的详细内容及有关例证，还有关于如何营造健康的校园环境的一些内容。

2.1　我们塑造优秀的学生

数十年来，西方的教育学家们一直在做关于学生的研究。其中一个关键的问题就是："究竟是什么使一个学生非常优秀？"关于优秀学生品质的研究已经数不胜数。这里本书只根据耶鲁大学著名教育心理学家斯腾伯格（Sternberg）和威廉姆斯（Williams）的研究，对他们的结论做一简要总结。

（一）优秀学生的学习策略很有效

优秀学生对知识的记忆很有效。也就是说，他们掌握好几种不同的记忆方法，针对不同的记忆对象使用相应最有效的方法。提示：我们应该向学生提供改善学习方法的途径，提高他们的学习效率（T8）。

优秀学生经常评估自己的学习策略以检验自己是否进展顺利。他们有能力阐释分析自己的学习方法和策略。我们应该教会学生学会评估自己的学习策略（T2，T3，T4）。

如果出现问题，他们会仔细检查，找出问题的症结并采取补救措施。我们应该教会学生分析问题的方法，包括控制负面情绪（T4）以及针对出现的问题进行分析并找出原因。

（二）优秀学生知道自己是求学者——学习新技能的人

认为自己能力有限的学生往往没有那些自认为可以学习并提高自己能力的学生表现出色。

研究员爱米斯（Ames）和阿切尔（Archer）的研究发现，学生可以区分为两种不同的类型：

◇专注于出色表现的学生；

◇专注于知识掌握的学生。

该研究表明：专注于知识掌握的学生会使用较多的学习策略，而且这些策略在学校学习中往往更有效，他们能更坦率地面对具有挑战性的任务，具有较积极的态度，还倾向于相信勤奋努力才是进步的关键，因而他们注重勤奋和努力学习；相比之下，那些注重表现的学生却要逊色一些。显然，专注于知识掌握要比专注于出色表现能产生更好的效果。我们要帮助学生树立符合这项研究成果的基本信念——他们可以学习、可以改变自己（T3，T4）。

（三）优秀学生相信通过努力可以实现更高的目标

在评估实现目标所需要的努力时他们很现实。了解并能预见障碍的学生显示出更强的韧性。当压力增大时，学生应该知道如何使自己保持正确的方向（T3）；学生必须身处公正且可以预料的环境中（T18）；此外我们还必须引导学生预见他们的未来（T16）。

（四）优秀学生通过成就提升自信力

一个学生取得的成绩越多他就越优秀，而且将来取得的成就也越大。此外有了更多的成绩，当偶尔面临挫折时他就会更有毅力。我们必须教会学生乐观和充满希望（T5），勇敢地面对挑战（T9，T4）并锻炼自己的领导潜质（T17）。

（五）优秀学生追求完成任务

他们进行积极的自我交流，控制焦虑的情绪，掌控环境，抗拒外界干扰。我们必须教会他们排除干扰的方法（T15，T14，T10），并教育他们"彻底完成"任务（T3）。

（六）优秀学生能够为自己负责

当面对并不理想的结果时，他们会反思是否应该使用更好的策略。他们并不归咎于人，也不会因为过于自责和愧疚而否定自我。我们要教会他们积极的情绪反应模式（T4），敢于检验自己学习策略是否正确（T3，T2），当然还有分析错误根源的方法（T9）。

（七）优秀学生很谨慎

他们并不是完成工作后立刻就会感到高兴和满意。我们必须提供合理的结构安排（T18），帮助他们保护自我（T11，T12，T14，T15），帮助他们考虑后果（T1，T2，T16），帮助他们看见自己信心建立的过程（T5）。

2.2　怎样成为优秀教师

毫不奇怪的是，我们在斯腾伯格关于优秀教师的结论中发现了和优秀学生相同的思维技巧。优秀教师：

◇反思教学效果，并不断尝试改进教学策略；

◇收集其他有经验教师的成功技巧；

◇吸收适合自己风格的思想和方法。

优秀教师具有五个方面的显著特点：

（一）优秀教师具有专业知识

他们知道如何教学；他们激发学生的学习动机（学生可以亲自看到个人发展的可能性；搞好学习是一种有益的经历；融入班级集体也是一种很好的感受；融入学校更是一种有意义的历程）；能够对学生奖罚分明（从不无意地鼓励不健康行为，也从不取乐于学生）（T6，T7）；能够设计并实施高水平的测试。

他们知道如何教授特殊的事物；他们能够融会贯通不同的观念；知道如何使用精心挑选的解释、类推、例证及角色等，纠正学生的误解，以此使观点明确无误。

（二）优秀教师能够组织专业的知识

他们了解素材之后潜藏的原则。

他们使用精心整合的教案，如他们强调相关性和适用性：

◇设计活泼的讨论题目；

◇检查课后作业，分发新的学习资料并掌控练习；

◇准备多种解释方法以防学生难以理解单一的解释。

他们的举例可以明确地阐释概念，并易于记忆。

（三）优秀教师理解教育环境

优秀教师向主管或督学展示他的工作以便获得合理的补给、基金等等；得到认可、支持、许可及承认；取得良好的业绩回报、职位供给。

（四）优秀教师追求效率

他们使原本单调的工作"自动化"——他们不断地练习直到可以迅速、自然地实现为止，就像驾驶员学习汽车换挡一样；他们不断观察并改进解决问题的办法；他们及时实施纪律控制，防止学生开小差，以免稍后处理时浪费很多时间，比如通过点名制止乱动或讲话；他们将最多的时间用于本职工作，并容忍行政的干扰；他们通过计划、监控和评估使时间更加有效。

（五）优秀教师具有洞察力

当面对问题时，他们会给出更深刻的见解；他们对问题的思考比新手更深刻、更广博；行动之前他们会仔细检查；解决问题时灵活并具有创造性；他们能够看到更广阔的前景和背景；他们能够更好更深入地分析问题，比如或许这个问题只是其他东西的表现形式，或许那个女孩睡眼蒙眬是因为"开夜车"这种不科学的学习方法；他们知道学生欠缺的是什么，他们可以在相对私人化、咨询式的氛围里完全理解学生的问题并帮助他（我们已选取了学生们的许多普遍问题和反映作为例子，如第8章中的例子）。

优秀教师以三种主要方式思考问题：

◇他们仔细地分离相关信息和无关信息；

◇他们能够将没有明显联系的事物结合起来，用熟悉的东西解释不熟悉的事物；

◇他们能够使用其他背景或情境下的信息或原理。

优秀教师有不同的个人风格，但有共同的价值观。

两种有效的教学风格可以非常不同，同时都很成功。当研究者们探讨教学课堂问题时（宽松或严格、轻松或严肃、恶性意外事件发生等等），他们并没有发现一种最有效的课堂形式。有效的课堂就像一个家庭中的不同成员似的，可以惊人的不同。

如此不同的课堂风格（不同的规则、不同的约定）怎么会都是成功的呢？答案就在这些不同的规则和约定中。在老师的基本价值观中，优秀教师们的规则和约定包含共同的基本价值观和信念。成功的课堂气氛：

◇注重对每个成员的公正、公平；

◇注重每个人的诚实；

◇尊重每个人，甚至当这个学生必须被否定或批评时；

◇注重可预见性和稳定性以使每个学生都能学习并可以预见效果；

◇鼓励发现、创造、卓越和挑战；

◇相信他们在为了胜利而共同努力，并最终造就一个独立的个人。

在美国一些最好的私立学校里，例如那些公谊会的学校，这些价值观得到了广泛传播和仔细传授，并得到了所有员工及学生的支持。任何有悖这些价值观的行为都会受到严肃的质询，这些价值观被严格保留下来，教师和学校才能有更多的贡献和更高的声誉。

那些使用符合这些价值观的规则及约定的教师们可以不用忧心他们与其他教师的不同。他们可以放心，因为他们能够塑造并保持这种有效的学习氛围。

提供良好的课堂组织结构和良好的可预见性。这是指：对于那些无力维持自我世界秩序的人来说，老师的工作就是使这个世界成为一个有秩序的人类的生存环境。组织结构是指学生必须遵守的规则和约定——就寝时间、劳动杂务、交友准则、谁可以以哪种方式在课堂内发言等等。限制的存在是这个组织结构的一部分，它确保学生们学习、遵守社会行为的约定俗成，而不是被娇惯、变得物质化。这些限制往往是口头的，如"只能到那里"、"对不起，这是不被允许的"。正是组织结构和限制规则塑造了课堂氛围，它们同样提供了更深层的信息：学生属于这个课堂，他所属的集体会保护他，这个课堂很稳固而且有坚强的凝聚力。

提供机遇和挑战。给学生提供机遇是优秀的教学过程中关键的部分。

第3章 教师向学生提供的实用工具概况

我们会思考学生应该掌握的无数种技能。我们会列出无穷无尽具体技能的清单。这并不能令人满意，因为老师需要的不是简单的而是实用的东西，他们需要易于记住的、易于运用于特定条件下的技能。

最近的研究开阔了我们对思维角色和心智管理的认识，因此，我们形成了建立在心智管理或者思维技能基础上的一组技能。当然，历经长期的教学和学习研究，最后，实践资料提醒我们，倘若学生成为危险和精神错乱的牺牲品，使用复杂的方法是有害无益的。因此，第一组技能和思维有关，第二组技能和教学及学习有关，第三组技能和预防与保护有关。由于读者关注学校和学生，我们又添加了有关学校成功培养学生的工具。

3.1 思维的实用工具

回应环①的发明是电子学中最重要的发现之一，这个概念基本的意思是让结果返回并产生影响。如果结果不够强，输出结果可以增加；如果结果太强，输出结果可以减少。总之，由于存在反馈，线路

---

① 指"反馈线路"。——译者注

能够自我调控。同样，思维学习最先进的标志是反思性认知，即我们能够对我们自己的思维进行思考。我们可以检查并改变我们自己的策略和假定。能够对我们自己的思维进行思考让我们得到提高。随着不断的提高，我们能够有目的地朝着我们的目标前进。倘若我们不能得到提高，我们就只能漫无目的。尤其在竞争社会中，具备精确评判并迅速改进策略观念的人比反应迟缓的竞争者更有优势。

反思我们的思维、检验并改善我们的策略是前5个工具和其他的一些工具——例如工具18——总的核心。

我们上面谈到了思维的重要性。为了进一步清楚地说明，下面是一个很好的例证。舍利格曼（Seligman）教授问："当糟糕的事情发生时，人们会怎样解释？人们会怎样想？"

考虑问题源自何处的人们会说："问题在于我自己。"或者说："问题不在于我。"

考虑问题严重程度的人们会说："这个问题对我的影响微乎其微。"或者说："这个问题影响了我的一切。"

考虑问题会持续多长时间的人们会说："这个问题是暂时的。"或者说："这个问题是永久的。"

在上述六种可能性中，其中几种思维模式在很多研究中都被证明是有害的。这些思维模式导致人们更加沮丧，缺乏成功——无论学生还是成年人，容易患病，英年早逝。当人们长期保持下列三种思想或者观念，这些糟糕的结果就会不期而至。

问题在于我自己……
这个问题影响了我的一切……
这个问题永远不会改变了，它是永恒的。

当你碰到存在这类问题的学生时，下列工具，尤其是工具4，有助于帮助他摆脱使人沮丧的事情的影响。

工具 1　教会学生怎样思考，增强自制力，解决问题

这个领域的先行者，米娜·舒尔（Myrna Shure）教授研究了一种方法，通过下列一系列方式帮助孩子培养创造性、自制力和解决问题的能力。

学习关键的逻辑词汇；

认识情感；

通过学习怎样对提问作出回答来解决问题；

其他的方法是什么？

接下来大量的资料表明，用上述方法训练的孩子自制力更好，创造性更高，情感更灵活。舒尔教授的研究表明，孩子的教育者以及父母怎样才能让孩子的大脑获得一个新的开始。

工具 2　开动大脑，启发思维

有多少老师和父母看着孩子，想说或者已经说了："思考！思考！"（作为父母我们当然说过了）这样的压力当然会直接把建设性的想法驱逐出孩子的大脑。和蔼地提出关键问题将"开启"思考的程序，因为他们教给孩子的思考方式以后将变成孩子自动的思考方式。我们关注思考的三个关键方面：

创造性地、灵活地解决问题；

计划、预见并思考结果；

考虑到他人以及他人的感受。

下面三个简单的问题对培养优秀学生很有帮助。第一个问题是老师或者父母问孩子的问题，后两个问题是孩子问自己的问题。

"以另一种什么方式？"这个问题开辟了创造性和灵活性的道路；

"如果（当）……会发生什么？"这个问题开辟了计划和思考结果的道路；

"他人的感受怎样？"这个问题开辟了通向温暖关系、成为集体优秀一员、成为领导者的道路。

工具3　促使孩子自我教育，增进自我纪律约束

有多少老师和父母看着孩子，想说或者已经说了："为什么我必须告诉你做什么呢？做正确的事！"然而孩子心里会想："如果我能想到正确的做法，我当然会做。可是我的大脑一片空白。"就像上面谈到的技能那样，如此做法驱逐了孩子头脑中所有的思想，并且让孩子为他们无知的大脑感到羞愧。

研究结果告诉我们，倾听我们自己、观察我们自己和提高我们自己是走向成功的关键技能。专注的技能就是如此，"现在只关注我的训练，其他什么事情都不想。"运动员的教练知道，在激烈的对抗比赛中，这样的专注技能就区分出了胜利者和失败者。

自我教育的观念，即教会孩子自己成为自己的良师，使复杂的心理技能易于理解。一旦孩子想到他的良师会怎样说，孩子就已经知道正确的事情该怎样做。这样就给孩子提供了清晰的指导，开启了通向更高目标和持续自律的大门。

工具4　教会学生明辨是非，改变消极情绪

历史上，有一种心理学的观点认为情绪调节思维。现在人们认为是我们的思想和观念调节着情绪，这才是正确的。这是因为我们不是对确定的事实作出反应，而是对我们认为的事实作出反应。因此，我们所认为的和我们所相信的事实影响着我们的情绪。

尤其当我们的观念不正确或者不合逻辑时，我们自己会产生强烈的消极情绪。学生，还有成年人，能够通过认识和摆脱导致消极情绪的错误观念学会调控消极情绪。工具4适用于调控愤怒、嫉妒、兴奋和考试压力下的焦虑等情绪。它是对付强烈的消极情绪最有效的工具之一。

最近有关学生基本观念的研究同样也证明了思维的重要性。一些学生关于学校的基本观念是他们应该尽力表现良好；另外一些学生认为他们应该尽力掌握功课。研究表明，认为应该尽力掌握功课的学生比认为应该重视表现结果的学生更具有竞争力而且表现更加灵活。

工具 5　引导学生走上乐观之路和希望之路

基本的心理观念和想法在决定人们能够取得多大成就以及形成他们心理结构方面发挥着重要作用。

有一种思维模式能够创造希望。舒尔教授认为，充满希望人群的思维和行为方式和长期抑郁人群的思维和行为方式存在一系列不同。他的研究工作有助于我们帮助长期沮丧的学生。这很容易掌握，因此，很容易教会学生成为有益的人。这种工具是帮助学生理解怎样构建乐观生活的关键性资源。

3.2　教与学的心理学实用工具

进一步谈谈教学和学习心理学，因为这有很多不同的分支学科。班杜拉（Bandura）教授及其同事建立的模型非常有名。斯金纳（Skinner）教授及其同事对奖赏性学习进行了广泛的研究。其他的教育学和心理学的研究者验证了儿童学习情况的不同，以及怎样进行最好的个人教学。该部分为你提供了非常有用的专业化方法。

工具 6　通过榜样和示范进行教育

人们通常忽视情感模式。我们提供了一些实用的方法，你可以给你的学生把价值观和情感技能等等枯燥抽象的话题化为有价值的例子，例如公平和公正，并引导学生参与其中。

工具 7　采取奖赏手段

不要奖赏你不想奖赏的行为。通常，奖赏控制着学生的行为、老师的行为和其他人的行为。如果你明白奖赏怎样起作用，奖赏的效果如何，那么你就掌握了一个强有力的工具。它可以管理班级，帮助家长，检查和应对行为不良学生等等。理解奖赏的心理机制非常有用，因为：

（1）认同和赞同等社会奖赏是最有效力的奖赏之一；

（2）人们的行为互相影响——学生反过来也影响老师；

（3）了解奖赏让我们明白为什么不良行为会越来越糟，尽管我们认为这些行为应该得到改善；

（4）了解奖赏让我们明白为什么不良行为难以改掉，尽管我们认为这些行为应该减少；

（5）你可以通过奖赏令人满意的行为来对付那些令人不满意的行为；

（6）奖赏的心理学知识给予教师帮助父母管理不良行为的有力工具。

工具8 使你的学生成为擅长学习的学生

你可以教学生如何提高注意力和理解力的基础知识。你可以教学生适合他们年龄的高级技能。你的教学使学生明白他们应该怎样学习，明白为了掌握知识和技能他们要做什么，这有助于学生检查并提高他们的技能。不断评价学生学习情况将促进学生一步步接近知识和技能所要求的目标。

工具9 教会学生成为他们自我教育的诊断者——这样他们才能进步

学生最大的困难是他们"不会学习"，而不是"不愿学习"。每个学生在心底都想做好学生。当学生做得不好时，他们往往会被告诫要努力学习。更加糟糕的情况是，学生被贴上了有害无益的标签，例如"你真懒惰"。如果老师帮助学生思考什么地方出了错，要提高什么技能，什么技能会有更好的结果，那么他就是送给了学生一份珍贵礼物——找到了开始进步的地方。

对优秀学生进行的研究表明，一旦学生能够独立地进行自我教育诊断，那么他就拥有了成为优秀学生的关键素质。

建议老师从我们列出的领域开始研究，然后根据学生特定的年龄阶段和所关心的问题对其进行调整。把工具9作为基本技能教给在自我评价方面有困难的学生。

工具10 帮助学生从不同角度理解压力

激烈的考试竞争的压力在中国教育史上就一直存在着。高标准永远是高标准。教育不大可能根本改变，即使有所改变，也会存在上好大学找好工作的竞争。我们提供了一些实用的方法评估学生面对压力的反应。然后我们介绍世界上压力最大的大学之一——美国西点军校，探寻可资我们借鉴的成功经验。主要的经验是压力补偿方法。下文中我们讨论了这个方法。

有时学生会遇到障碍，比如害羞，这将不利于学生的发展。我们介绍了降低敏感的过程。例如你教会学生公众讲演乃至争论，对于防止常见的焦虑非常有用。

3.3　保护和预防的实用工具

在过去的 20 年中，世界已经改变很多，经济、道德水平、娱乐和广告、电子游戏和因特网都已经发生了变化。学生需要获得信息，而且学会使用信息才能在日趋危险的环境中获得成功。然而我们并不赞同单纯防御的观点。仅仅生存下来是不够的。如果我们整合我们的思维工具、教学（学习）工具和保护（防御）工具，那么学生就做好了充分准备，就能成功面对未来。

工具 11　健康教育——为什么现在如此重要

大量的因素威胁着学生的身体健康，包括：

（1）营养不当和超重——这将使终身易于受到心脏病、糖尿病和抑郁症的侵害；

（2）传染性疾病，比如肺结核、艾滋病和性病；

（3）吸烟，以及吸烟引发的高危疾病——肺癌，会导致痛苦而漫长的死亡过程。

学生面临的这些困难后果严重，通常会威胁生命。预防相对容易，挽救生命意义重大。

工具 12　青春期教育——为什么这项工作比过去重要

人类从幸存的祖先繁衍而来。首先，祖先们青春期很早；其次，他们的性冲动非常强烈，这使得他们能够度过环境恶劣的冰川时期。

20 年前，文化舆论还把青春期看做隐私，是家庭的事。然而现在娱乐、广告和商业利润对青春期的舆论完全不同于过去。文化舆论不是帮助克制冲动，而是公开地、自由地利用性吸引注意力和开拓市场，这打破了过去社会的舆论导向。孩子卷入充斥着性的世界中很危险，巨大的危险正等待着这些粗心的、不幸的孩子。在这方面指导孩子，有助于他们理解并顺利度过青春期。

我们认为，青春期教育重点应该放在神秘的复杂的人类繁衍上，应该放在在商业社会中如何坚守自己的价值观上。关于学生的青春期教育方法——不同于讲座的方法——被证明是非常成功的。

工具 13　个性和人与人之间关系的技能

"我班上学生的个性很不相同——非常不同。我应该用同样的方法对待他们吗？我应该用不同的方法对待他们吗？对于这两种方法哪一种更有建设性？"我们介绍了简单的思考个性的框架，以及应对极端个性的方法。

工具 14　早恋——减少问题，学习经验

和青春期问题一样，商业利润为学生树立了最糟糕的、最冲动的行为榜样。学生要明白，早期的吸引和早恋仅仅是人类相互爱恋和依恋的第一步。

你传授的工具有助于学生从早恋中学习经验，帮助学生了解如何在后来形成持久的关系。

工具 15　教会学生应对物质主义

大公司高薪聘请心理学家对怎样诱导青年人消费进行规划。企业不关心青年人成功与否，他们只关心利润。

在某些地区存在网络色情文学、电子游戏以及吸毒，因此在当前的社会环境下保护孩子已经成为迫切的问题。但是一个更大更长期的问题是物质主义，是学生认为他们怎样才能获得幸福的问题。我们将讨论这些问题并提出解决方法。

3.4　培养成功学生的实用工具

一位老教授曾经向听众提问，是什么因素决定人们的行为。听众认为他会讲那些传统的理论，比如内驱力或者被压抑的情感。相反，他提出应该关

注个人的环境。他说："当人们在饭店时，他遵从饭店礼仪。在邮局时，他遵从邮局礼仪。个性差异很小。是环境或者地点使我们所看到的行为存在极大的不同。"换而言之，我们对我们的心理环境作出反应，我们被我们的心理环境所塑造。心理环境带着它的信息，"这是在这里应该做的，这是这儿应该的行为"，我们的行为就在这种暗示下形成。

环境心理学非常有用，因为它与我们的下列问题相关：

◇帮助学生从学校环境向工作环境转移；

◇学校环境；

◇帮助学生离开学校以后过上好生活；

◇使学校准备对变化的生态作出反应。

工具 16　当学生完成学业时为他们成功做准备——职业选择、工作等

当成年人回顾从中学阶段到大学阶段直至目前的过程时，发现这看上去清楚而有逻辑性。许多在校学生，不是绝大多数学生，对于未来的展望都难以逾越"参加大型考试，期望获得最好成绩"这样的想法。

我的良师和同事泰勒教授研究了可以怎样尽量地帮助青年人思考未来富有前途的职业。一旦青年人对他们的目标更加清晰，就很容易想象他们将会从学生走向进一步的训练乃至工作领域。泰勒教授调查了很多途径和方法，发现最好的途径是：

◇评价可能性；

◇引发一些可能的选择；

◇帮助学生进行选择。

机会在中国不断增加。青年人朝着他们的职业目标不断前进，让梦想成真，这很重要。

工具 17　给予学生极大的优势——领导技能

计算机储存的信息比人脑多，检索信息也快得多。在这些方面我们的学生是不能够和计算机以及其他机器进行竞争的。拥有知识和技能的学生在未来生活中具有极大优势。大量的重要工作不需要任职者知道许多知识，而是需要他们很好地组织团队开展工作。

我们看看一些和领导技能相关的基本个人技能。例如有条理地讲话、谈判、劝告、辩论等等。我们再看看一些简单的技术。例如计划、组织、一致同意的简单方法。我们在课堂上练习运用这些方法。

工具 18　将学校建成高质量的组织

第二次世界大战后，在世界范围合作研究了是什么构成了高质量的组织。现在这方面的研究结论得到世界各国的认同。研究结论有两部分：一是达到标准，例如 ISO 标准；一是开放的竞争。在美国，为竞争制定的标准现在已经进入学校。有一些标准就是要把学校建设成为高质量的组织。这些标准被公之于众，成为学生行为和解决问题的框架。我们注意到美国的学校系统通过这个过程吸引了全国的注意。

结论：我们清楚你已经知道了这个观点，即最无效的学习方法是给学生阅读材料，或者教给学生一些未经深入探究的课程内容，期望这可以改变他们的行为。

我们引用的这些研究表明，更有效的途径是学生主动参与的学习，即：

◇讨论；

◇运用；

◇研究；

◇教育或者表现；

◇练习；

◇批评；

◇修正。

因此我们鼓励你设计练习并进行练习，或者讨论，或者假设，或者集体问答，或者小组竞争——任何能吸引学生积极投入的活动。

一旦你心中清晰地树立了这些原则或者目标，你就可以设计你自己的练习——或者来自材料，或者来自你自己的经历。正如优秀教师所作的总结表明的那样，你将看到结果，然后修正和修改——作为优秀教师，你为你的教学节目增加了更多的策略。

T1　教会学生怎样思考：认识逻辑，理解感情，寻求多种方法解决问题。

第4章　思维的实用工具

这一章我们介绍已经得到证明的影响学生思维的方法，以及通过思维影响其他方面，比如情绪和自制等。

4.1　教会学生怎样思考（T1）

这个工具的目标是教给青年学生基本的思维工具、解决问题的工具以及增强自制力的工具。教会学生思考是巨大的挑战。因为当我们想教学生思维技能时，学生并不具备可供我们开启的思维开关。倘若我们能够拍打一下学生的脑袋就找到了这个开关，并把它打开，那该多么好啊！

然而，没有这样的开关。那该怎么办呢？给学生提供可触摸、可感觉、可观察的东西——年龄适当时提供阅读材料——给学生提供可听的声音和音乐，所有的这些都很重要，很有用。然而，似乎最直接有效的方法是和蔼地提问。

智力技能如同体操技能，始于基础，要求不断练习。有时有些技能在开始时难于做得正确，但是慢慢做，一次一点，就会完整连贯。随着学生的发展，他们能够做更加复杂的事情。学生的大脑就像一台正在创建的计算机——这个过程要经历 18 年左右的时间。尽管有些粗糙，但是早期训练的重要性在于大脑运用它所学会的东西建立了新的学习能力。在早期获得了技能的大脑充满了丰富的经验，这样就学得更多，建立了进一步学习并形成更复杂经验的更广阔的背景。

学会思考首先要掌握基本的步骤。在这个领域做得最好的研究专家是我们亲爱的朋友、国际认知心理学家，米娜·舒尔博士。她提出老师的重要工作是，教会学生怎样思考以及不要思考什么。最近，我们研究怎样教计算机思考。有时，我们教动物思考。学生在他们生活中建立的许多有价值的东西将是以计算机和动物的思考能力为基础的。

舒尔博士的方法，在美国称为"问题解决方法"，或者更正式的名称是"个人人际关系认知问题的解决"。它已经被美国教育部和美国司法部宣布作为预防项目的模式，该项目是美国教育心理学家国家协会的示范性心理健康预防项目，被美国卫生署列为大西洋六大预防项目之一。

最初，老师帮助学生熟悉思维和解决问题的基本工具。这些工具成年人非常熟悉，然而学生不熟悉，这对于思考很重要。在最初开始阶段，学生学会说出东西的名称，例如"这是什么？""这是一本书。"

基本的逻辑建立在基本词汇之上。接下来，学生必须有基本工具才能开始逻辑推理。例如学生必须认识"和"和"或者"的区别，"相同"和"不同"的区别，因为这些认识是不止用一种方法思考问题观念的关键。舒尔教授确定了一些重要的成对单词，学生必须准确而肯定地运用这些单词才能够思考和解决问题。

是	不是
和	或者
部分	全部
之前	之后
现在	以后
相同	不同

谈话对于四五岁的孩子是重要的方法。例如当教"不是"这个观念时，你可以对一个小组或者一个学生说：

"你是学生，不是桌子。你还不是什么？"

"我不是飞机，不是轮船，不是水牛。"

当和同学发生争执时，我们可以看到这种方法无边的威力。你可以这样激发孩子们讨论而不是对他们提出要求，你可以说：

"打薛丽是好事还是坏事？"

同样，还有可以精心挑选的其他成对词语。

选择和约束出现在"和"和"或者"组成的句子中。"我们或者买这个或者买那个，不是这个和那个都买。"

"部分"和"全部"介绍了这样的概念，"不是每个东西都有用；一些事情有时起作用。"

"之前"和"之后"清晰地开启有序的思考和时间观念，"你在她之后做。"

"现在"和"以后"是对青年学生提出的最大任务之一，即学会延缓冲动和享受。"现在我正和王小姐谈话。我们等会儿出去。"

"相同"和"不同"是和他人相处的关键。"她和你有不同的感受。"更复杂的例子是，"不同的人对同样的事有不同的感受。"

尽管认为这些观念太基础或者太基本，是很容易的事，但是我们要感谢这些观念将我们放到了学生的视角上。我们可以想象这些逻辑性单词以一种我们不理解的语言呈现。我们会突然几乎不能参与任何事情，因为我们缺乏关键概念。

教会学生辨认和理解感情。 下面是关于情感的工具，它们是理解关系和自我言辞控制的关键。学会辨认是学会处理自己和其他学生情感的第一步。这个工具教会学生不同的人感受不同，这是世界的自然状态。首先，学生要学会认识一系列基本的情感，例如快乐、悲伤、生气、沮丧、自豪。

这些情感可以通过画片进行教育——从故事、绘画、布娃娃游戏以及真实的生活事件中提出这样的问题："那个男孩感受如何？"利用演出一台小戏剧或者舞台剧的机会向学生提问——"如果发生了这样的情况，她会怎么做呢？"

年龄小的学生易于以行动表达他们的情感。例如哭喊、明显的愤怒和冲出去躲起来，你现在可以要求学生使用语言而不是行动，"告诉我你的感受……运用我们学过的词汇"等等。现在你开辟了运用语言进行自我表达、运用词汇解决问题的道路。你避免了学生形成这样的观念，例如"如果我躲藏了很长时间，老师就会来找我，哄劝我回去"。

有一种思考技能应特别提到。移情是感受他人情感和通过双眼观察世界的重要能力。移情是一种使关心和关注他人成为可能的品质。移情要求学生认识他人是有情感的，他人的情感不同于自己的情感，他人的情感很重要，应该受到尊重。一些学生天生地具有移情品质。其他的一些学生，尤其是喧闹的、活泼好动的学生需要不断地增强学习，理解他人也有情感和权利。缺乏移情是严重的缺陷：监狱中充斥着这样的人，他们不能够认识和尊重他人的情感。

教会学生解决问题。当这一系列关键的观念成为学生的一套技能时，重点就转换到第二步，运用词汇—逻辑—情感来解决问题。假如发现两个学生因玩具争吵，并不断升级，他们争吵着："我先拿到。""不，我先拿到。"下面可能发生：

"你们开始叫喊以后，会发生什么？"
"我们开始打架。"
"打架是一种方法。你们还能够想到其他的方法而不是打架吗？"
回答可能是："我玩完后会让她玩。""我们掰腕子看谁力气大。""我们轮流玩。""我们可以做不同的事情。"

折中解决是良好的结果，但是你要教学生更重要的事情。当学生受到责备被分开时，他们会产生消极情绪，他们的大脑不会学习到任何解决问题的技能。通过在僵局中运用他们被传授的概念，这两个学生练习从折中解决开始，思考解决方法。当方法不能奏效时，他们仔细思考人们能够面对的或者有利的途径，这样的技能是能够反思我们的思维和行为的开始。这种技能是自我管理、自我改正和自我提高的基础。

"那是一种方法，其他的方法是什么？"这个问题很关键，被反复运用。舒尔博士的研究发现，学会给出许多答案的学生，尽管一些答案很奇异和不切实际，但是他们思维灵活，这使得他们长期领先于那些仅能够给出唯一解决方案的学生，尽管他们唯一的解决方案很不错。

　　因此不要评价学生提出的解决方案——特别不要说"这真是个愚蠢的主意"。老师可以组织有趣的游戏，寻找更多的替代解决方法。例如你顺着学生组成的圆圈让每个学生说出一个解决方法。让学生的想象力自由而丰富地奔流，不要顾及解决方案的现实性和优劣好坏。

　　现在，假如你想让学生的思考略微超前于现实，你会做什么？你可以激发学生，"那么以后又会发生什么。"带着这样的问题，学生学会找寻他行为的后果、达到目标的策略和通向成功的钥匙。下面是一个父亲教儿子因果关系的例子。

　　　父亲正在推手推车。他十岁的儿子第二次走神，走到了手推车前面。车辆碰到了儿子的鞋子，车翻了，包袱从车上掉下来。父亲并没有大喊："笨蛋，我已经告诉过你……"这会让孩子心里想："我已经被严厉责备了。"当车再次装好，父亲平静而严肃地说："过来，告诉我刚才发生了什么。"几个问题以后，父亲得到孩子的回答是："车翻了，因为我的鞋子挡了道。"孩子遇到了因果问题。父亲进一步教育说："将来你怎样避免这个问题？"……"是的，这是一种方法……其他的方法是什么？"孩子给出其他的一些替代方法以后，父亲说道："现在我们必须绝对保证这不会再次发生。为了保证这再也不会发生你将选择怎样的办法？"

　　我们的目标是大脑能够灵活地思维。首先要开始认识到问题不能够通过眼泪和叫喊解决，办法总能够找到。这个过程要求连贯性，但是这很容易结合到班级纪律和单词游戏中去。

　　不同于西方国家的其他方法，舒尔博士在 25 年的研究中收集的资料很丰富且翔实可靠，研究表明，学会了这些技能的学生能够灵活而创造性地回答"另一种方法是什么"的问题，他们与同龄人关系良好，少有违法犯罪行为，在学校少有行为问题。除了一些研究以外，其他的许多书籍也记载了这样的情况。其中的一本书是《培养会思考的孩子》，在美国这是一本很畅销的图书。

T2 开启大脑，激发思维：灵活思维、前瞻思维、换位思维、分析思维、系统思维。

4.2 开启大脑，激发思维（T2）

研究已经确认了思维的维度——创造性、灵活性、时效性、计划性、预见性、结果预期、他人感受等等。我们这里的目标是建立工具1，帮助年龄稍大的学生开始思考。

我们在第3章说过，我们大多数老师经常面临这样的学生，他们的大脑没有开启。我们渴望找到"开启思维"的开关。我们大叫，"思考！"我们知道这毫无用处，而且让学生更加紧张使情况更糟。有一种方法可以暗示大脑心智活动的三个关键维度。一段时间后，你可以帮助学生自问，"我要提出哪三个问题？"然后依次竖起三根手指，提出三个问题。

第一个关键问题："另外一种方法是什么？"

"另外一种方法是什么？"来自工具1。它旨在教会学生想象地、灵活地、创造性地思考。

创造性和灵活性使人留意问题，思考其他的方法，发现这个问题不是最终的障碍。具有创造性的而且灵活的思考者不仅只看到一种方法。你可以运用类似下面简单的故事来帮助学生理解，因为他们知道并真正理解"另外的方法是什么"的回答的影响。

比尔·盖茨曾是哈佛大学的学生。他不满意计算机操作的方式。他问："另外的方法是什么？"然后他开始酝酿崭新的计算机操作系统。他最后选择从哈佛退学——没有完成他的学业，尽管你不必提及这点——于是他创建了微软公司。

米歇尔·戴尔还是大学学生时就在组装计算机。他发现人们不喜欢购买已组装好的计算机——人们渴望计算机用他们需要的特别元件组装。他问："另外的方法是什么？"然后开始根据顾客的特殊要求组装计算机，戴尔成为世界上顶级的计算机公司之一。

拉里·配几和舍格·布瑞曾是斯坦福大学的学生。他们对因特网搜索引擎的慢速度很不满意。他们问："另外一种搜索方法是什么——比现在最快的还要快？"他们于1998年在他们的宿舍创立了谷歌（Google）公司，现在这是整个因特网一流的搜索引擎。

理查德·尼克松被中美两个不愉快的冲突吸引。关注这种冲突似乎没有意义，是浪费时间。他问："另一种方法是什么？"毛泽东思考着同样的问题："另一种方法是什么？"他们共同做出决定，促成了著名的1972年尼克松访华，这次访问改变了世界历史的轨迹。

仅仅训练学生思考，并提出正确答案，让学生缺乏创造性和灵活性，这是不对的。

学校功课的作用是什么？学生必须学会正确的解决方法并在考试时呈现出来，这难道不正确吗？有时候留给创造性和灵活性的空间狭小，尽管我们学校系统已认识到培养有创造性和灵活性的思想者多么重要。记住盖茨、戴尔、配几、布瑞、尼克松总统和毛泽东主席不是通过记住正确的答案达到目标的。他们是世界英雄，因为他们问了"另外一种方法是什么"，然后他们找到了新的更好的方法。

世界上一流的科学技术大学麻省理工学院最好的课程之一就是要求学生建造能够阻挡其他机器人完成复杂任务的机器人。学校给学生一些零件。他们必须决定他们的机器人怎样着手工作，然后建造它。最终的考试是机器人比赛。获胜的最重要因素是创造性思维。怎样着手工作？工作时怎样抵挡其他机器人？很多机器人引擎优良，建造得很好，但是因缺乏想象力而输了比赛。创造性思维占统治地位。因特网上说现在许多大学照抄了这个理念，最终的考试是发明的比赛。

第二个关键问题："假如（或者当……时候），会发生什么呢？"

这个问题让我们的心智理解时间概念，之前—之后，现在—然后。这个问题对于自我控制很重要。冲动的学生行为鲁莽，陷入困难，因为他们不会考虑到鲁莽行为的后果。人们经常问："我怎样让他事前思考，预料到他行为的后果？"答案当然是教会学生问，"假如（或者当……时候），会发生什么呢？"为了做到这点，一点一点地训练学生思考，帮助他反复练习，直至他能够自己提出好的问题。我们希望发生在学生大脑中的自我谈话类似这样：

> 假如我做……后来的结果会……这是我希望的结果吗？不是。我最好计划另外的行动。
>
> 什么能让我达到我希望的结果？我希望的结果是什么？我将那样做，如果那样做，我不仅能达到我希望的结果，而且将避免伤害我的结果。

然后学生学会利用事前思考，利用预计结果的技能。这是自我控制的关键。

自我控制是运用该问题的一部分。自我控制在更高水平上使大脑将生命看做一个时间系列。有现在，有将来。生命是一个预期和计划的过程。下面有两个例子。

> 发生了某事，接下来会怎样？
>
> "老师，我这次英语水平考试结果太糟糕了，我想放弃。"
>
> "完全放弃？这可是个大举措。"
>
> "为什么要继续让自己看起来很傻？"
>
> "假如你放弃……"
>
> "哦，天哪！假如我放弃，我大学会不合格。"
>
> "后果严重……真是后果严重……"
>
> "是的，太严重了！不能放弃。或许增加额外辅导？"
>
> "好主意……"
>
> 老师紧跟着他的话语，以便他不会说："真是个愚蠢的毁灭性的主意！"老师继续帮助学生探索，"会发生什么……"
>
> 没有人清楚未来，思考未来有什么用呢？
>
> "我不能制订出计划，老师，因为我一点也不知道哪所大学会录取我。"

"的确没有人知道未来会怎样，但是计划者可以利用可能性。"

"可能性?"

"他们考虑最有可能的结果，制订可选择的计划。假如你知道你的分数是 701 分，那么你很可能清楚哪所大学会录取你。"

"我很可能在 650 分左右，我想……"

"你已经明白了。如果你是 650 分，你很清楚哪所学校会录取你。现在你是 680 分，又会怎样呢?"

"那是另一个水平的成绩。我可以说出 680 分最有可能录取我的学校。假如我是 630 分，那又是不同水平的成绩，所以我要考虑三个水平的成绩。"

"没有任何事情是完全肯定的，但是你已经覆盖了最有可能的结果，你可以针对这些结果制订计划。"

第三个关键问题:"现在处在他人位置，事情可能会怎样?"

不考虑他人情感和利益的学生以及成年人是个社会问题。严重的会犯罪坐牢；轻微的通常交友有困难，以及社会化水平不良。另一方面，能够考虑到他人的人是良好的团队伙伴和优秀的团队领导者。考虑到他人形成了平等对待他人的技能，这个技能就是不以自己为中心。

这个技能为形成与他人良好的关系奠定了基础。从更高层次上讲，这个技能奠定了激励他人成为领导者的基础。这个技能受到员工广泛赞誉，因为它是获得快乐和构建高水平团队的关键（相反，缺乏这种技能的学生往往更容易违法犯罪、具有反社会倾向）。

一个学生抱怨他的同学:

"烦人的薛咏老是迟到，她破坏了我们团队的计划。我真的被她激怒了。"

"薛咏情况是怎样的?"

"你的意思是……"

"你怎样上学? 她怎样上学?"

"我骑车，她走路，所以她老是迟到。"

037

"她走路是因为……"

"我想，她没有自行车。"

"哦，或许她家经济窘迫？"

"她爸爸失业了。"

"哦，天哪，我不知道……我明白了……我知道该做些什么了……"

下面是一位高效率学生干部的工作实录：

一天，一个大型艺术展览快要结束了。大家都很劳累，想回家休息。但是需要大家先打扫干净房间，整理好桌椅。他考虑到其他同学的感受——推迟回家是令人生气的事。我必须认识到他们的感受。假如我尊重他们，假如他们有参与感，他们也许会发现清洁整理的必要性。同样，他们会对好榜样作出回应——要树立榜样，我该干什么……

"同学们，请大家注意，现在很晚了，每个同学都想回家，大家都很累了。这时真不是干加班活儿的时候，但是我们的职责是要在离开前把东西整理好。你们认为这个建议怎样？我们分三组——男孩子把笨重的桌子搬回原处，女孩子搬椅子，然后每位同学把他们自己的艺术展品放好。我和男孩子一起干。"

我们的技能能够激励大脑创造性思考，预见到后果，对他人敏感。这些技能是公司和政府机构希望的高水平技能。学会在所有环境和情况下问自己这个问题的学生，长大后将拥有巨大的优势。一旦这三个基础性问题构成生活的一部分，就为注意更多细节提供了空间。下面是高年级的学生以及大家要考虑的一系列复杂问题。这些问题的主题是：学会思考我们的思维。

"现在我应该浏览还是专注于某事？"浏览是将注意力从某物转向另外一物，以便不要错过了正在发生的事情。我们应该在陌生的环境和时间使用浏览，这时我们还不清楚什么是最重要的，这时我们必须注意和评判各种各样的事物。当我们穿越危险的森林，或者进行田野旅行时，注意年幼学生的健康状况，这时很好地浏览很重要。学生必须成为一个好的浏览者，比如当到新学校上学时，把注意力从老师身上转移到同学、要求、通知和办公室的位置等等。浏览时不要过多地卷入单个事情，以便对情况作出大体的全面评判。

专注是浏览的对立面，专注是不会被其他因素分散注意力，集中注意力于单个事情以便理解或者学习。当老师在黑板上写满二项式定理的解释时，只有专注的学生能够理解和记忆。此刻天空美妙的飞机、窗外路过的漂亮姑娘以及周末将发生的激动人心的事情都与此无关。理解观念是唯一重要的事情，专注是唯一的心智方法。在恰当的时刻运用恰当的方法非常重要。

　　　　这个学生应该运用浏览技能注意他的北京旅游。"你乘车去过天安门广场、人民大会堂和紫禁城吗？""我不记得了。我沉醉于用耳机听音乐。"

　　　　这个学生应该运用专注方法。"在去学校途中在汽车上你打算学习单词，你学习了吗？""我一会儿看窗外，一会儿看其他同学。我听汽车引擎声，后来听司机轻哼，但是有时我也看单词。"

"现在利用时间的最好方式是什么？""最佳目标是什么？"对于那些能够选择做什么的人而言，确定目标是决定大多数选择的关键。青年人容易分心，常常陷入远离目标的任务过程中。很多事情，例如电视、朋友、玩具都会强烈地引起学生的注意。能够时常用上述问题提醒自己的学生比不对自己从事的事情进行评价的学生具有重要的竞争优势。

"达到目标的最佳策略是什么？我怎样才能达到目标？"这些问题涉及达到最渴望的目标的方法。这些问题很有用，因为学生运用的方法并不是和他知道的方法一样多。学生经常说："假如这是必须做的工作，我知道更好的方法。"学生很容易使用最便捷的工具而不是工作需要的最好方法，学生也很容易使用更加有趣的方法而不是最好的方法。

我应该留意"全局"还是检查"局部"？研究者将这种思维方式称为系统分析方法，即将部分组合在一起形成一个新的、更大的整体。分析是将事物拆成部分检查细节。这两种方法无所谓好坏。两种方法运用在恰当的时候都很重要。我们在大多数情况下教学生分析的方法。将事物结合在一起的系统方法在学校受到的关注不多，尽管掌握这种方法是政府和企业所要求的关键技能。

下面这个例子中，这个学生看到了部分，但是没有整合整体。

> "老师，我问过李雪五次我是否可以借阅一些报纸。我尽量举止得体，但是每次她总是能给出不可能借给我的理由。我思考了这个问题，得出结论：当我问她的时候我没有微笑。我再次问她时我会带着更多的微笑……这会使我成功。"（学生进行了分析，并没有理解"全局"，没有理解被拒绝的五种理由的深刻含义。）
>
> "把那五个理由放在一起会怎样……当你把五个理由结合在一起，形成了新的局面或者给予你新的信息吗？"
>
> "我不明白。"
>
> "五个理由都是积极的还是消极的？"
>
> "消极的，她总是找得到借口或者看着地板，好像她真的不想借。哦，天哪！你不认为她会那样做……她不想借又不能那样说。"

老师希望和学生讨论并分析思维技能。拿张纸出来，记下下列问题的答案：

◇鸭子和小鸡相似之处在哪儿？

◇水和蜂蜜相似之处在哪儿？

◇蚂蚁和苔藓相似之处在哪儿？

这几个问题要求我们理解成对事物的上一级种属，在这个例子中就是家禽、液体和生物。下面是另外一个"怎样形成整体观"的心智技能。

斯腾伯格教授验证了智商概念。他的研究工作表明，智商由三种因素构成：分析技能、创造技能和实践技能。下面是我们对学生提出的有用的三个更复杂的问题：

◇该事物如何工作？它的机制如何？我从中可以学到什么？

◇我怎样以新颖的特别的方法运用？（想法、设计等等）

◇我要知道这将解决什么问题？怎样才实用？

怎样向你的学生提问？我们一直强调，当我们的问题启动关键的思考过程时，学生的大脑能够开启思维。但是怎样提问呢？这涉及很多内容。我们必须心中有目标：开启大脑的思维。

声音的语调很重要。我们的目的是开启大脑，帮助大脑尝试各种答案，仔细地审视这些答案。严厉的、命令式的或者对抗式的问题都不能够达到这个目的。这些问题导致学生感觉，"天哪！我受到了袭击。让大脑躲藏起来。"关键是老师成为和蔼的同盟者，通过说"现在，如果……会发生什么？"将激发学生更多地思考。当舒尔教授和青年学生一起时，她称这种方法为"玩游戏"。和年龄稍长的学生一起时，老师可以说明这个问题对于形成有用的技能很有帮助。有时候开头很缓慢：

◇做这事的另外方法是什么？

◇我不知道——用扫帚打扫，这是唯一的方法。

（这主意不坏，但严重缺乏灵活性和创造性，因此需要老师的提高。）

◇假如你是个魔术师，那么你会做什么？

◇……嗯，假如你是比尔·盖茨，你会怎样做这事？

◇……假如你是总理，你会怎样做？

老师成功地使学生从不同角度看待问题。

大脑练习是一部分，接下来的一步就是帮助学生自己选择问题。第一步很可能是这样：

（老师看到学生在做白日梦，希望学生更好地管理自己。）

"郝琴，你认为我这时候会问你什么问题？"

"你最喜欢问的问题是'其他人感受如何'。"（老师要教学生"现在我的最佳目标是什么？"于是老师这样教育学生。）

"你现在打算干什么？"

"我不知道怎样完成这个作业……进展得不顺利。"

"你正尽力达到某个目标……"

"哦，你要问现在我的最佳目标是什么，怎样达到目标？"

"很正确！那么你现在的最佳目标是什么……"

T3 促使学生自我教育：教会学生自己提问，增强自我约束，自我激励。

4.3 促使学生自我教育，增进自津（T3）

我们的目标是教会学生敦促自己做正确的事情，为他们提供简单的方法记住正确的事情。在本书的开始部分，我们谈到了相当复杂的事情，例如心理管理和反思性思维。工具3是一种使事情成为学生能够理解的标准的途径。这种工具自动地使学生形成我们想传授给他们的心智技能，而不必提及复杂的术语。作为老师你很多次面临这样的情况，学生没有重点，犹豫不决，优柔寡断。你知道学生很好地理解了他们应该做什么，但他们记不住。这个工具就是"做正确的事情"，"什么是正确的事情"。

工具3给学生提供找到答案的方法——他们甚至并未意识到自己能够找到这个答案。工具3是多功能的。你可以在不同学生年龄组运用，也可以运用于不同的话题。下面介绍这些工具。

当你看电视时，比如看到体操比赛或者滑冰比赛，你会看到比赛者——一个优秀的选手。你不会去看谁？教练。教练一直和选手在一起，甚至好几年，为选手优秀的表现做各个方面的工作。教练考虑到了每个方面，帮助选手尽可能表现最佳。你可以有一个很好的老师帮助你尽可能表现最佳。这个老师就是……学生自己。①

这个想法很简单。我们每个人能够想象其他人，以及想象他人所说的事情。因此我们要教会学生学习正确的教导，然后自言自语，仿佛学生自己就是老师。开始，你是老师，为缺乏想象力的学生提供教导。后来你向学生说明老师的问题和建议是什么，鼓励学生，"老师对这个问题是怎么说的？"

优秀的教练应该做什么？在我们写给青年人的书中，我们认为优秀的教练会：

（1）用有营养的食物、充足的睡眠、有规律的练习和良好的医疗保健来保持运动员良好的身体状况。

---

① 注意选择名人或者典型榜样，2004年奥林匹克运动会一位非常出名的运动员——刘翔，就是很好的榜样。

（2）制订训练和练习计划，并监督实施，逐步提高困难程度直至更高标准，持续性地实施计划。

（3）制定宏大的长远目标——或许是奥林匹克冠军，然后制定一系列阶段目标——比如地区或者国家冠军。目标中包含小的目标，致力于细节直到掌握。

（4）当被训练者对纪律产生抱怨时，教练要加以引导。教练经常听到这样的话，"早起真没趣。""我真希望我有其他人那么多自由时间。""我真沮丧，我的技能没有进步。"但是老师会说，"那是自然反应，现在让我们回到工作中去。"教练应当把注意力集中到重大任务上。

（5）教练帮助运动员进行预期想象，教会他们心智想象，朝前看，为即将到来的压力做好准备。充分想象竞争中的压力会怎样，充分想象怎样处理焦虑或者分心这些自然反应。

（6）当受训者出错时，教练应当说，"我们需要什么样的技能，为什么没有做到？下一次怎样做得更好？"

教练心中怀有现实的目标。

关键在于让学生热衷于成为虚拟教练。你可以向学生指出：

有教练指导的益处；

教练完全在你的控制之下；

当你骄傲自大时教练通常能够提出好主意帮助你；

当你冲动、遇上麻烦、不能跟上计划时教练能够帮助你；

严厉的教练使你成为优秀选手。

回顾教练在不同情况下的所作所为，下面的一些情况和学生有关系：

（1）身体保健和卫生。学生知道或者准备了解运动员吃什么、怎样锻炼。复述这些细节将有助于鼓励学生。这有助于鼓励肥胖的学生节食。

（2）学生生活中的指令。这有助于学生听明白命令式的计划是怎样的，家庭作业时间怎样安排。

（3）制定目标是老师对运动员所作的最重要的事情之一。制定目标也是学生重要的行为。目标通常使学生指向既定的需要多练习的技能。

（4）自律。"姚明在练习时很愉快就能成为名人吗？不是。他怎样进行练习？""假如姚明曾经愿意赖床而不愿意练习，老师会说什么呢？"优秀的老师用生活的现实帮助学生。例如"没有人能很容易做到自律。因此抱怨有什么用呢？我可以从中学到什么呢？"虽然抱怨的理由很充分，很强烈，但是只有一种途径能够使事情得到提高。另外把你的抱怨当做扣问自己的契机："抱怨意味着是该反问我自己的时候了：我是否需要调整？我是否需要重新明确我的目标？我是否需要调整或者修改我的目标？我是否需要说，'是的，这是正常反应，现在就回到工作中去。'"优秀的教练理解技能提高是个痛苦的过程。他会把选手的气喘吁吁、流汗和疲惫看做更加强壮和可能性更大的成功的一个步骤。优秀老师不会将这些表现看做放弃的标志，而是看做在取得更佳技能道路上必要的步骤。

有实验研究如何教会学生向自己提问。普雷斯莱（Pressley）教授及其同事指出，优秀学生向自己提出优秀的指导性问题："我目前学习的方法是什么？学业成绩怎样才能提高？"华莱士（Woloshin）教授和他的同事发现，大声地解释他们的策略，就好像老师在说："告诉我你打算怎样解决这个问题，调整你的策略选择。"这对学生很有帮助。

（5）抵抗压力。建设性的自我谈话能够建立抵抗机制。这样会专注于解决问题，通过集中精力保持自己的最好状态。这种方法有助于学生应对压力。

帮助学生预见到细节。预见即做好准备。做好准备是成功的必经之路。预见性的问题是，"我需要知道什么？我必须做什么？会出什么错？我需要准备处理什么？我应该准备作出什么反应。"当运动队的选手能够预见到练习中的细节时，这些运动队会取得巨大成功。老师应当帮助学生想到、准备好以及处理好所有可能的分心和问题。下面是一位青年学生成功地准备考试的例子。

老师："我们怎样准备物理考试？"
学生："我知道考试大厅有150张桌子。窗子很高，看不见外面，但是附近篮球场的声音会不时传过来。不知道我被安排在哪儿。没有光线的那面有些冷，因此我必须考虑保持温暖，使我的双手暖和。"

老师："身体检查时间长……你怎样保持状态？"

学生："假如允许的话，我会带些枣和葡萄干以防止感到饥饿，保持血糖水平。"

老师："每个人都会紧张，会分心。你怎样处理这种情况？"

学生："很多人会表现出紧张的迹象。我不知道其他人会怎样，但是假如存在让人分心的情况，像有人来回走动或者用手指敲打桌子或者类似情况，我将泰然处之。或许有狗在附近叫，有学生不停地咳嗽，但是我将保持注意力，因为分心会不利于我的表现。当然，假如真发生了不对劲的事情，我将会引起监考人员的注意。"

老师："当你进入房间的片刻，很容易紧张。为此做好准备了吗？"

学生："我想象一群人挤在门外，出示我们的证明后，我们鱼贯而入，找到指定的桌子。监考人员将宣读注意事项，然后分发试卷并将试卷面朝下，当告诉我们把试卷翻过来时就可以开始了。现在真正的考试开始了。我迅速看看问题编号，以便我想好每道题花多长时间。"

老师："遇到了'让人沮丧的考卷'怎么办？"

学生："我很可能有这样的反应，'天啊，我完全不理解这道题。天啊，又是一道我不懂的题'。在这点上很容易犯的错误是，'太糟糕了，这次考试我考不好了'。我开始会对我不理解的问题做好准备。我会想，'镇定下来，一步一步地解决问题。你准备得很充分了，你知道很多'。"

老师："有些人会猛写，好像他们知道每件事，等不及要把它们都写下来。然而这时你的思维并不流畅。看起来好像他们写得快得多……"

学生："我不会认为他们做得很好而我做得很糟，因为我知道

T4 让学生认清错误观念：用积极的思维方式思考不幸事件，改变消极情绪。

有些写得快的学生组织得不好，做得不好。我会把我的大脑想象成仓库和弹药库，一排排一堆堆，是我可以使用的信息，因为我知道老师教授给我们的知识覆盖了全部要求。我掌握了。放松些，找到它们。"

（6）灾难管理。当学生出错时，某种灾难发生时，优秀的老师就会出现。老师立刻会确保事情不会恶化。老师从来都不应该引起学生的消极情绪。通常，学生和父母有情绪化的消极反应："我没有用。""你真懒惰。"这些反应很不好，因为这对学生有害，而且不能指出前进的道路。他们是优秀老师的方法的反面。老师知道这样的标签和情绪只会更不利于学生的表现，这些消极的做法不会使学生得到任何提高。

相反，老师应做什么呢？——仔细充分地研究问题，分析每件事情，一部分一部分查找资料，直到认识问题。紧接着他会设计具体的练习。学生开始训练和练习，直到准确而精确。工具 3 有助于集中精力训练技能，避免在学习中贴标签和引发消极情绪。

当学生遇到严重问题时，你的工具是让学生问自己："这是怎样发生的？我需要何种技能以便不再次发生相同的问题？下次我怎样做得更好？"

工具 3 运用简单的、容易学习的、容易记住的材料进行高级的心智技能学习。

4.4 教会学生改变消极情感（T4）

（一）导论：习得性无助和不健康的思维方式

我们的基本观念和思维方式影响着我们的情感。工具 4 的目标是帮助学生理解对生活进行思考的力量，给学生指出处理消极情绪的方法。早些时候我们认为，思想影响情绪和行为。下面是一个著名的例子。斯里格曼（Seligman）教授是一项长线研究之父——他检验是什么因素导致一些人天然乐观而一些人天然悲观无助。经历不幸事件以后，心理健康的人会说，"这个不幸将不会永远持续，这不会影响我生活中的每件事，它的发生是因为其他人或者因为我准备不充分"。另一方面，心理不健康的人会说，"不幸的事情没完没了，它会持续相当长的时间，这件事情明显是我永久性的缺点和不可治愈的自卑所致，它影响着我整个生活的每件事情。"

研究发现，健康思维方式和不健康思维方式个体存在令人吃惊的差异——差异存在于身体健康状况、中学和大学的表现、能否获取职位、工作是否出色。研究甚至表明，健康思维群体比不健康思维群体寿命更长。不健康思维群体比健康思维群体更加沮丧——严重的状况甚至到了损坏思维功能的程度。不健康思维者最明显的个性特征是：学会无助。这符合逻辑，因为他们认为他们所做的任何事情都不会使其他事情得到改变——不幸一定会继续存在于他们生活的每个部分。放弃或者不努力尝试似乎符合逻辑。

作为老师，我们最感兴趣的是使学生形成健康的思维方法，以健康的思维方法去思考不幸的事件：

◇挫折是暂时的；

◇挫折是由外界导致，或者我可以调整我的行为；

◇挫折不会影响我生活中的每件事情。

避免以下不健康的思维方式：

◇挫折是永恒的或者永久的；

◇挫折是我不可避免的缺点或者我的无能导致；

◇挫折影响着我生活中的方方面面。

几乎没有学生在青年时期就完全形成了悲观主义，但你很可能会听到学生具有悲观主义倾向的话语。例如"我没有用。""我没有其他人好。""我永远不会做。""我会失败。"

不要气馁！没有完全的悲观主义。不要允许悲观主义的种子发芽，这很重要。我们的目标是帮助学生运用乐观主义的思维方式。我们建议分两步：

（1）**直接指出情况的现实性**。例如"这是看待事情的一种方法，但是这并没有现实性，对吗？每个人在生活中都有不顺利的事情，我们必须学会克服挫折。事实上很多事情你都做得很好，在很多方面你比其他男孩子还好。通过训练和练习你将学会做这事，以及许多更加复杂的事情。虽然你对现在的结果感到遗憾，但是没有迹象表明你将会是失败者。"

现在，让学生跟着你做。例如"你看，这是看待事情的悲观方法——它将导致一无所获。这才是更加积极的方法，更加符合现实的方法。你能够给出更加积极更加现实的看法吗？"帮助学生认识到：挫折是暂时的，他能够避免挫折，或者认为挫折是他人引起的，不会影响他生活中的每件事。

（2）计划或者行动。计划很大程度上取决于问题。也许考试需要更多的练习，也许需要额外的辅导，也许需要挣钱赔偿损坏的东西等等。重要的一点是，要确保事情不会添加学生的无助感而是要增加其对世界的积极态度。你会发现谈话很有用。例如"那是一种方法。记住主要问题是什么，看看你是否能够做另外的事儿——这件事儿会使过去的挫折成为暂时，或者帮助你不再犯同样的错误。"

很快学生熟悉了这个过程，你就可以说："现实情况如何？"然后说："你的计划或者行动是什么？"当然，你最终的目标是教会学生自己能够采取这些步骤，自己运用。

（二）主要目标：发现并调整消极情绪

有时候尽管老师做了出色的工作，但是可能发现学生表现出大量的引起自己或者他人重大痛苦的情感反应。现在我们看看下面这种方法，它可以通过错误思维或者非理性的观念导致痛苦。学生可以被教会通过认识和挑战非理性观念将愤怒、沮丧和焦虑的副作用减小到最低程度，如同我们提到的那样，心智调节技能和情绪控制技能可能对学生一生取得成功的作用比聪明更加重要。

但是情绪，比如愤怒，真的能够通过我们的思维方式得到改变吗？这难以置信。下面的例子使学生明白这点。

盛夏，你和小妹乘坐公共汽车。车很挤，天很热。你站的地方没有任何空间可以转身或者移动身体。你看见手臂和肩膀压向你。没有人可以移动，每个人都在出汗。乘坐这样一辆公共汽车真是个错误！公共汽车突然颠簸了一下。突然，你身体剧烈疼痛。哎哟，你喊叫起来，非常生气，但是你不能移动。你对自己说，假如这种情况再次发生，你会打那个肇事者。这时，剧烈疼痛再次发生，比上次还疼得厉害。你真的被激怒了。你失去了自我控制，怒气奔涌

而出，你转过身体，想用拳头还击肇事者。在你拳头快落下时，你
发现肇事者竟然是小妹妹，她在哭。有人的行李挤到她脸上，划伤
了她的脸。这个可怜的孩子被挤得太厉害了，以至于她发夹上的别
针刺着你了。她一直试图很勇敢，努力不哭。她对于她带给你的痛
苦一无所知。

　　当你在总结这个故事时，问学生他们是否感受到了情感的变化。显然，
学生的愤怒转变成了关心和同情。学生的愤怒建立在这样的观念上，即疼痛
和痛苦源自于粗心的成年人。一旦转变了不正确的观念，愤怒的基础也就不
复存在。

　　学生能够清楚地认识到他们情感转变的转折点是，他们看到可怜的小妹
妹以及并非粗心的成年人。我们所有人，无论是学生还是老师，已经形成了
关于自己和我们世界的观念。这些观念通常不用文字表达出来——我们通常
不能够意识到它们的存在。有时候这些观念会导致我们强烈的消极情感。

　　著名心理学家阿尔伯特·艾丽思（Albert Ellis）列出了最常见的不被
认识的和有害的观念。

　　（1）我被人爱和被与我亲密接触的每个人认同是完全必需的。

　　（2）我必须在所有方面完全具有竞争力和有能力，否则我就毫无用处。

　　（3）有些人很坏很邪恶，他们必须受到责备和惩罚（他不能够认识到
"坏"是观察者眼中的坏，仅仅由于这个原因进行惩罚是不理智的）。

　　（4）假如事情不是按我的喜恶发展，那么这就是场可怕的灾难。

　　（5）不愉快是由于我不能控制的外部事物所导致。

　　（6）一些事情非常危险，会威胁生命，因此我必须用大多数时间来思考
它们。

　　（7）避免困难和责任比面对它们更加容易。

　　（8）我自己不能够做事情，我必须找到某个我可以依靠的强壮的人替我
完成。

　　（9）过去在我身上发生的事情决定我现在的所作所想，因为过去的事情
有创伤，现在还有创伤。

　　（10）我应该对他人的问题和麻烦感到不安。

（11）总有正确的、准确的解决人类问题的方法，假如我不能够发现这些方法，我就应该感到不安，认为我没有用处。

从表面上看，大多数人甚至很多学生会认为，期望每时每刻都很完美或者被每个人所爱是愚蠢的想法。然而这些思维模式时常会潜入我们的内心，我们没有意识到这些假定。提问题是暴露这些不正确观念的方法。

康娃9岁，哭着从运动场回来。"怎么啦？"老师问。"肖丽不喜欢我。"他抽泣道。老师明白错误的假定或者不合逻辑的观念会产生坏情绪。老师说："康娃，你很难过。让我们把这些事情联系起来思考。你能够告诉我是什么让你哭，让你感觉如此糟糕吗？""肖丽不喜欢我，这太可怕了。""你好像想说，肖丽必须喜欢你，否则事情将很糟糕？"学生点点头，是的，就是这样。老师继续说："恐怕这个想法不对。改进的观念是，肖丽不喜欢你这不好，但是这并不糟糕，并不可怕。你整个生活不取决于肖丽是否喜欢你。想一分钟，你就能够承受这件不好的事情。我们时常也这样做。现在，试着说，'肖丽不喜欢我不是件愉快的事儿，但是我不必感觉如浩劫一般，因为这不是灾难。'"

优秀的教师帮助学生区分非理性的观念"这是灾难"和理性观念"这令人不快，但是我能控制"。老师为事件灵活地创建了情感弹性的基础。后来老师说："记住，当肖丽不喜欢你，你将此看做不愉快但不是糟糕或者可怕的事情克服掉时，你会发现错误的观念'这太可怕太糟糕'和理性的观念'这仅仅令人不愉快'之间的差异。"

当12岁的学生犯错误时，老师怎样避免生气？当我们失去自己的心智控制，对自己说出下列话的时候，我们会生气。

"他这样做就是让我不高兴。"

"学生学得慢意味着我是糟糕的老师。"

"我应该教聪明的学生，我是不公正的牺牲者。"

下面是明智的、更理性的说法——之所以明智和理性是因为这将导致我们想要的结果，例如：

　　"这个学生不好。假如他不犯错误就太好了，但是年轻人总要犯错误——这是他们为什么必须有老师帮助的原因。"

　　"这些错误的确烦人，但是不是太糟糕，我不必感觉不好或者生气。"

　　"迄今为止我所做的没有对这个学生起到作用。我必须改变方法。"

　　现在，老师必须改变观念，改变他们理解学生犯错误的方法，因为对学生生气不能够起到积极效果：这并不能使问题得到有效解决。生气只能向学生表明，生气不是解决问题而是挫折被认同的反应。向学生说明正常的挫折都是能够被建设性地解决的问题，这很重要。通常这种方法意味着改变了我们所做的无效的事情。有谚语说："反复做同样的事情而期望有不同的结果很愚蠢——教导学生然后生学生的气。"下面是一个学生参加大型考试的例子。

　　一个学生来到你面前吐露心声："五个月后我要参加大型考试。我必须忙于这事。在学校我努力学习，但是回家后，我不想做家庭作业。我不知道怎样控制自己。我喜欢看电视，我不想被落下，于是我总是在回家之前制订计划，但是我又不按照计划做。无论我怎样努力学习，我都不能够追赶上其他同学。假期快结束了，我不想去上学，但是我必须上学。我该怎么办呢？"

你可以这样回答：
我建议你长时间独处，进行严肃思考。
第一步，当你独处时，自言自语道：今天我们必须努力思考问题。这个问题是，你是中国许多学生中的一员，现在是准备大型考试的时间，这次考试将决定许多人的未来人生。你未来许多事情将取决于这次考试。

　　现在如果你不把全部的精力投入学习，你就在冒学习不好的巨大危险。这是重大的危险，愚蠢的危险——就像黑暗中在高速公路上行走，就像从好朋友那儿偷钱——非常巨大的没有必要的冒险。

　　现在你不会做上述两件危险的事情，因此我想问你，为什么要冒学习不良之险？

第二步，当你敞开心灵寻找答案时，你会发现你像坏虫子蚕食你的大脑一样吃光你的未来，这是错误的非逻辑的想法。我不能完全确定这种想法怎样，但是它很可能是下面四种情况之一：

（1）我对我的老师如此生气，以致我想让他们感到羞愧。我考试考得不好肯定能让他们生气，于是我就不学习。

（2）我学习落后太多，以致我追赶不上了。学习没有用，于是我就不学习。

（3）我害怕竞争，我不能超过我的任何一个同学，于是我就不学习，虽然我并不想看起来很差劲。

（4）我确实不知道怎样学习，于是我就不学习。

你会发现类似其中之一的错误想法——或许不完全相同，但是很相似。

第三步，思考你产生错误想法的逻辑。

（1）这就像自杀炸弹。我成功地羞辱了我的老师，但是我也成功地毁掉了自己。假如我真的想获得自由，那么这次考试取得高分是最好的途径。

（2）我将参加考试，现在放弃肯定是一场灾难，毫无益处。

（3）我是在全国范围内竞争，而不是和我的同学竞争。假如他们全部在我之上或者在我之下都不重要。关键是我的分数在全国的排位。

（4）我很清楚我需要学习，我知道电视是不可能有助于我的东西。我不能像个6岁的孩子，因为我是有竞争力的17岁少年，生活在严峻的社会中。

发现错误的想法是关键。一旦你找到了它，用理智批驳它，你就会发现自己不再沮丧。然后你可以开始努力学习。

关于学校的基本观念。最近的研究表明，一些学生用这样的基本观念面对学校：他们的任务是掌握学习材料；另外一些学生认为他们的任务是考试要考好。对比性资料说明，前者比后者表现更佳。帮助学生认识并击败有害的观念，像"我不是学习的料，我只想考试及格"。理性的观念是："假如我想通过考试，那么我应该尽力获得最好结果。我将掌握学习资料，因为这是更加成功的观念。"

> T5 引导学生走上乐观希望之路：制定目
> 标，制定策略，投入精力．动态调整。

4.5 引导学生走上乐观希望之路（T5）

通常，老师关注那些看起来无精打采的、不抱希望的、濒临沮丧边缘的学生。这些学生对老师的教诲反应不佳。任何积极的改变似乎都相当短暂。然而显然他们不是笨学生，也不是不关心任何事情——他们仅仅是些没有开动的机车。工具5的目标是给学生提供思考，建立希望和希望的态度的有趣方法。工具5还有额外的价值，它教会学生一个工具，运用这个工具学生能互相帮助。

研究我们思维方式的重要工作仍在继续进行——学生的思维方式极大地影响他们对生活的看法。我们的朋友辛迪教授用两组人员进行研究，一组满怀希望的人群，一组希望水平很低的人群。他想发现："这两组人群有何不同？充满希望的人群会做什么事？沮丧的人群不会做什么事？"

他发现满怀希望的人群做三件相当简单的事情。首先，他们习惯给自己树立目标（我需要做什么）；第二，他们能够提出达到目标的策略（完成这件事情最好的途径是什么）；第三，他们能够投入所需要的精力（我准备努力工作，不去玩，要把这事做好）。他们反复进行这三种心智活动，达到大多数目标。当没有成功时，他们调整目标或者策略或者投入的精力。满怀希望的人群为了实现小目标或者大目标都会做这三件事情，无论是非常严肃的目标还是轻松有趣的目标。

这些心智活动能够在任何年龄阶段得到表现，尽管成年人的表现比学生复杂得多。早期启发对于形成完善而持久的希望态度显然有益处。但是这种态度的形成不是变魔法——事实上，这需要严肃的心智纪律和长期的坚持才能够见到效果。下面详细论述该观点：

制定目标。制定目标能够使人们远离麻烦，避免类似飞机上机长的通知那样的麻烦："女士们先生们，我有个好消息和一个坏消息通知大家。好消息是我们正在度过美好的时光，坏消息是我们迷路了。"没有目标的快速过程毫无益处。

目标制定需要艺术的想象的思维。例如你必须集合机遇、可能的选择和可能性、需求、有趣和挑战。我们把这项任务这样描述给学生："站在你心灵的黑板旁，记下所有将影响目标的事情（这是上面说的机遇、需求等等）。然后像个有创造性的艺术家那样思考。你提出什么样的目标能够最好地适合这些因素？这个目标可能没有固定的范式，不同的学生用相同的机遇和限制条件会制定不同的目标。当你有几个目标时，选出一个你认为对你而言最好的。"学生能够运用这个过程作出重大的决定（我应该上大学吗），或者较小的决定（在晚餐前 45 分钟最好做什么事情）。这些心智技能是有意识的、富有创造性的能力。年龄稍大的学生和成年人需要对机遇，特别是伪装的机遇保持警觉，抓住良好的机遇。

制定策略。达到目标需要策略，需要一条到达目标的道路。假如你是厨师，策略就是烹饪法——在什么时候要加入什么，下一步开始之前必须做完什么。制定好的策略所需的逻辑步骤，需要线性的计算机般的思维。我们这样给学生描述这项任务："思维就像计算机，制定一系列步骤到达你想去的地方。从目标开始，往后行动。你问：'在达到目标之前必须做什么，这之前必须做什么，这之前的之前必须做什么？一直问这个问题直到答案是没有什么要做为止。'"当过程发生变化时，记下这些变化并重新审视你的策略很重要。制定策略的心智技能就是思考每个步骤以及各个步骤的顺序。

投入所必需的精力。按照计划的步骤，投入精力，要求自律、自我指导性思维和延迟享乐。每个目标都需要一定的精力和努力。假如我们要通过策略成功地达到目标，就需要一些自律和牺牲即刻享乐。我们这样问学生，他们就能够理解，"你想擅长写作、足球和音乐，你就要做些什么？"学生会说，不能够出去玩、必须坚持练习、必须放弃一些你喜欢干的事情。有效的坚持包括：心中保持目标、排除其他目标、专注于我们多么想达到这个目标、记住这是个努力问题而不是能力问题。我们能够达到目标，一点一点进步。精力投入的心智技能就是专注于手头工作避免分心，不让分心的事情分散精力。

在表现欠佳的学生身上运用希望的概念。假如你有个学生无精打采、沮丧抑郁，失去了希望。你怎样帮助他？运用上述观念，用不同的心智技能——目标、策略和坚持来建构学生的希望。这三种心智技能如果任何一种有严重缺陷都会导致缺乏希望的状态。我们看看三个具有不同个性特征缺少希望的学生。你可以发现他们每个人都很抑郁，他们时常说："生活中没有什么事情有趣。生活灰暗而无聊。"

第一个学生。这个学生非常听从老师的教诲，肯定能够完成任务。她一直在等待老师和朋友提出建议。她看上去像个十足的跟随者，她似乎自己不制定任何目标。她的问题是帮助她获得制定目标的体验，或许最初从制定小目标开始。"星期六下午你最好做什么事情？考虑几个目标……"这个学生能够学会怎样制定目标，怎样在制定目标中学会技能。老师和蔼的问题帮助学生形成了目标，例如"你必须做什么？你喜欢做什么？""到星期天为止，你期望达到什么目标？""程琼今年夏天要到工厂工作。这也是你的目标吗？不是？那么你今年夏天的目标是什么？"

第二个学生。这个学生通常能够清楚地宣布目标。他不害怕工作，在完成任务时很卖劲，显示出很好的忍耐力。但是问题出在他没有使用正确的工具，使用的顺序不对，缺乏他所需要的一些技能，部分技能不适合等等。这个学生缺乏勇气。问题是策略欠佳，工作勤奋却不机智。方法是个问题——怎样完成事情，怎样将过程的每部分结合起来获得成功。关键是需要帮助这个学生理解，要花一些时间来制定策略或者方法，这将开启成功之门："花需要什么才能生长？""水和土壤。""还有什么？""嗯，我不知道。""阳光？""是的，阳光。""你将要在墙的阴面种花吗？""是的。""能再给我讲一次阳光吗？"等等。

第三个学生。中国学生能够宣布目标，通常是极高的目标。当受到压力时，他能够制定一系列策略来达到目标。但是这之后，我们会发现一系列未完成的项目。他在寻找简易的方法，或许还埋怨他人的错误。他必须了解结果产生的作用。假如他长大些，他将获益于这样的帮助，即评估这个项目要花费多少精力和时间。假如这个学生的问题持续存在，情况可能糟糕。生活中没有成功的捷径，老师应该考虑使用第四章的方法。

假如你有个非常无精打采、不快乐或者不成功的学生，你现在要超越表面的鼓励，问道："这个学生类似第一个学生，第二个学生，还是第三个学生?"假如你发现这个学生符合其中一个模式，现在你就有实际的具体工作要做。制定目标，制定策略或者投入精力。

你的学生立刻理解了目标—技能—投入精力的循环。你这样帮助学生理解三种所要求的思维类型：

◇创造性的艺术化；

◇直线的，计算机般的；

◇自我指导，自律。

学生会迅速地建设性地帮助长期抑郁的朋友。步骤很简单。在与抑郁的、无聊的朋友谈话时，他们关心是什么原因使朋友不能完成希望的循环：

◇缺乏具有创造性和想象力的思维？

◇缺乏具有现实逻辑性的计划？

◇不能够专注于任务和投身于所要求的工作？

当学生考虑到将工具运用于朋友，那么他们就了解得更加深刻更加仔细，很可能会运用工具来提高自己。假如你能使你的班级对希望观念感兴趣，那么你就给全部学生指出了积极的方向。

T6　榜样和示范：通过榜样和示范进行教育，运用榜样的情感技能。

第5章　通过榜样和示范进行教育

5.1　通过榜样和示范进行教育（T6）

榜样和示范是你最熟悉的工具——或许是最优秀的工具。这个工具的目标是复习基础工具，扩展运用榜样技能，训练学生的情感。斯坦福大学班杜拉（Bandura）教授的研究表明，榜样是教育的有效方法。老师通常向学生示范某件事情，然后教导学生照着示范做。组织使人们集合在一起，示范一个复杂的过程，然后进行练习直到掌握这个过程。

榜样是人们学习的重要途径，无论课堂内外。我们认为，教师非常熟悉这种方法，因此在此做简要论述。

关键步骤：

◇示范怎样完成一项任务；

◇将任务分为小步骤；

◇教诲并鼓励学生实践小步骤；

◇引导，暗示，提醒；

◇用正确的反馈进行表扬；

◇人们以谁作为榜样？我们效仿我们崇拜的榜样。

　　示范怎样完成一项任务。每个人都很熟悉优秀教师的示范。他们往往树立某个榜样。他们通过描述、展示和帮助学生实践来进行教育。这样学生就学会了。优秀教师有意识树立榜样，但是有时候也有无意识的榜样。例如哥哥在努力学习弹钢琴，小妹妹一直在听老师怎样弹奏。当小妹妹坐上钢琴凳，说："是这样弹，对吗？"这令哥哥万分惊愕，她弹得太好了。她到底怎样做到的？她效仿了老师的示范。她理解了目标以及旋律，因为老师示范得很好。有效的示范使目标明确。

　　将任务分为小步骤。当榜样将任务变小，变成可操作的步骤以及表明每一步以后怎样通向下一步时，复杂的任务就不再令人畏惧了。在更加复杂的任务中，任务大致的轮廓对学生很有帮助，他们据此可以明白任务的范围以及完成任务的途径。

　　教诲并鼓励学生实践小步骤。当任务仍然很困难时，给出一系列步骤的榜样（首先，两脚分开站立，然后转向操作柄，用右手拉。这是第一步。下面一步……），能够使学生成功。

　　引导，暗示，提醒。不是每个学生都像刚才提到的那个弹钢琴的小妹妹那样聪明。通常，在示范以后还需要对学生进行引导："记住第二笔在第三笔之前。""记住我们在比较斜率之前，我们推导出了基本等式。"老师要知道这也有陷阱。假如引导、暗示或者提醒太频繁，学生只会等着提醒，并没有真正有所收获。假如这种现象开始发生，那么在给出提醒的同时告诉学生必须自己获得线索。

　　用正确的反馈进行表扬。表扬作为尝试新奇事情的鼓励很重要。正确的反馈有助于学习。例如"第三步有点小困难。把这个困难加入到第二步或者再次练习第一步……"这个例子提供了学习专门技术的方法，保证错误不会无休止地重复。

　　人们以谁作为榜样？我们效仿我们崇拜的榜样。有些榜样的行为具有积极的作用。老师和父母是我们首先想到的榜样。有些主流文化的榜样行为具有反面作用，例如艺人、广告商和市场人员给学生展示了暴力、性、酗酒和物质主义等等。为学生提供正面榜样有助于抵消学生不能够完全避免的反面榜样的影响，这很重要。

5.2　运用榜样的情感技能（T6）

作为老师，我能够完全理解上述结论。我想知道的是，我和我的同事怎样运用榜样来促进学生的情感发展？榜样有用吗？

是的，榜样很有用，我们甚至可以说榜样力量巨大。让学生互相说："你看到老师怎样操作吗？我想学会那样干。"这是一种非常有用的学习体验。我们看看示范情感反应和技能的方法，这能给你的学生展示，当存在不成熟的选择机会时怎样运用成熟的方法处理事情。我们挑选其中最重要的七种方法，用事例探讨如何学会这些方法。

◇最大限度地关注他人；

◇对他人表示出信任和信心；

◇承认我们的负面情感；

◇指导学生了解发生了什么事情和事情是怎样发生的；

◇面临情绪挑战时保持沉着冷静；

◇愿意并能够修复受损的关系；

◇当发生矛盾时有领导才能。

最大限度地关注他人。积极倾听是有用的方法。积极倾听有助于学生分享情感，有助于父母赏识那些情感。积极倾听是讨论和说理的途径。当学生讲出他的部分经历时，可以通过他身上的情感反应，让感情更清楚。

"郭梅，你怎么啦？"

"很好，老师……很好，我想……（长时间停顿）有个小困难。"

我们仅仅听到模糊的回答。她说什么？这有三种可供选择的回应：

直接反问她所说的："……小困难？"

解释她所说的："……某件事不顺利？"

详述问题，给她一个机会作出修改或者改变："我听你的意思，是否是说这几天你在学校有些麻烦？"

这种做法的目的是使学生明白他们的感受怎样。通过不带感情色彩的非赞同非反对，仅仅是关注学生的表述的积极态度来达到这个目的。然后她说："不，没什么……就是……"

从表面上看，她似乎很矛盾。老师这时候必需耐心，不能够说："那个矛盾究竟是什么？困难还是不困难？"老师这时候要关注学生，帮助学生表达自己的情感。可供老师选择的回答有这些：

完全沉默，等待。沉默是困难的选择，但的确是一个好的选择。我们之所以将此作为第一选择，是因为这种回答能使学生呈现出他们不设防的、未被掩饰的感情。

温和的鼓励。"你感觉到了一些事情，或许是关于学校的？"

最后学生克服了焦虑，说道："我母亲病了，我担心我学习落下……"

老师细致的关注，让学生放松自如，得到支持，让学生说出了问题。现在，问题可以得到解决了。

对他人表示出信任和信心。这里使用的方法是自我暴露。老师究竟为什么要向学生讲出自己的某些事情？这是信任的行为，显示了信任。但是这也告诉学生老师丰富的情感，可以包容缺点和伤害。这给学生的信息就是——"不是只有我有痛苦，老师也有痛苦。"

"我必须进行考试准备，这真是太可怕了。开始时我生气，现在我沮丧。真不知道拿我自己怎么办。"

"我想我理解，事情完全不同于我的中学时代。也许我在大学准备学位考试时的情况与你当前的状态非常类似。当时我也很焦虑，感觉未来不确定。"

"是吗？老师，你也经历过担忧和不确定？"

承认我们的负面情感。有时候成年人也有消极情感：事情的复杂使我们易怒，没有耐心。这种欠成熟的反应可以用责备扑灭。使用"我陈述"方法有助于避免问题；相反，"你陈述"方法将导致问题。下面是两位家长处理孩子上学迟到缺课的例子。第一位家长开诚布公地承认她的消极情感。她的观点是"你和我来解决问题"。这样，她保持了父母的控制力和尊严。

"开始当我听说你缺课时我很生气。我感觉就像被盲目地惩罚，然后觉得失望，最后我决定我必须采取行动——决定性的行动。后果很严重，但是在我和你父亲作出决定之前，我们想听听你对这件事情的看法，以及你认为接下来会发生的事情。"

第二位家长仅仅严厉地责备了孩子并疏远他。他们采用"你陈述"方法，她把问题看做"我对你的问题"。她没有保持控制力和尊严，而是像个爱抱怨的未成年人。

"你真是个愚蠢的令人失望的学生。你就不用脑子好好想想你该怎么办？你到处乱逛而迟到旷课，你怎么这么傻？这堂课是刘老师的课，是你唯一表现好的课。你想让自己连这门课都不及格吗？"

在第一个例子中，家长的控制力和家长及学生的尊严得到更好的维护。第二个例子清楚地表明，"你陈述"方法怎样体现其负面的指责的特征，怎样产生无尽的伤害。第二个例子最糟糕的还在于雪上加霜，造就了生气的家长和害羞、受伤、还可能生气的学生。"我陈述"方法的目的是确保我们流露我们自己的情感，而不是劈头盖脸的指责。

指导学生了解发生了什么事情和事情是怎样发生的。这里使用的方法是过程评论法。当我们讨论某件事情时，我们能够正常地对讨论的话题进行回应。过程评论法从谈话内容出发，直接在讨论中谈及事件、方式，以及突然的改变是怎样发生的。下面的例子将清楚地说明这点。

"对我们正在讨论的话题，我问一个相当直接的问题。（全班开始笑起来）请告诉我你们在笑什么。"

"向容，这已经是我第五次跟你讲话而你却一言不发了。我想是事情不吸引你还是有事情让你沮丧，到底发生了什么事情?"这位老师已经注意到了在通常的对话模式中学生的变化。他没有诱导答案，而是直接评论他观察到的过程。

（课后）"哦，秦好，我想和你谈一会儿。"

"老师，我? 我做错了什么事吗?"

"没有。我想和你谈谈我看到的一些事情。在我第五次叫向容时，你举起手，特别希望回答问题。请告诉我，我该怎样理解你的这个行为?"

面临情绪挑战时保持沉着冷静。这个方法就是：任何观点都不能伤害你，欢迎开诚布公的讨论。假如有个学生对你说："我朋友的班级比我们班更好更愉快，学生学得更多。"你碰巧听到了，这个学生吃惊地突然停下来，听你要说些什么。说什么呢? 首先，注意别作出如下不成熟的反应，这会使事情恶化。

青年人的竞争方式。例如"我们班和他们班一样好。他们班有我们班那样的新黑板和新海报吗?"这种方式将引起争论和竞争，看看哪个班会赢。实际上，没有谁能赢。

责备。"假如我们班的学生和他们班的学生一样优秀，我们班就会和××老师的班一样优秀。是你们的错误，才使班级不优秀。"

受伤的心灵。例如"我很受伤。我要哭了。我不能轻易克服这个巨大的伤痛，但是我会容忍这个讨厌的学生。"这种方式将激起内疚感，学生会认为问题没有解决的途径。

义愤的指挥官。例如"你怎么敢说他们老师对学生比我对学生更好? 不领情的家伙，毕竟我为你们付出了那么多。"这种方式将引起学生的畏惧，让学生感到讲出真话很危险。

相反，老师要掌握主动权：

"你观察其他班级和群体的氛围，这很好。"你肯定学生作了比较，说明你一点也没被吓倒，这事能够提高你的地位和威信。

"是的，每个班级都有一些不同，有些比我们班级好，有些不及我们班级。不同班级的运行方式不同。有时候一些老师的管理技能比我高超，但有时候也不比我强。大多数情况下是管理方式的不同。"你采取了主动，承认班级管理方式不同。你认识到你和你的班级不完美，认识到人们应该怎样对待他人才是重要的美德。

"现在，问题是如何改进。我开诚布公地和你们谈论改进问题。"你控制讨论的进程和形式，控制讨论什么不讨论什么，以及尝试着讨论什么。你镇定自若，情绪稳定，致力于班级改善。你促进学生找到成熟的、有建设性的问题解决方案。

愿意并能够修复受损的关系。这个方法是：如果出现问题或关系受损，老师和学生应当一道面对，而不是形成老师和学生的对立。由于学生不成熟，有时候冲动鲁莽，会造成师生关系的紧张，这是不可避免的。一旦老师作出欠妥当的判断或者不够镇定，最好的解决方法就是和解并重塑良好的人际关系。能够修复受损的人际关系才能建立真正牢不可破的良好关系。然而在必须维护老师的尊严和领导地位的前提下，如何来修复师生关系？

我们建议，在双方的情绪都完全平静了下来，真正希望和解时才进行和解。可以想象这是一个痛苦和矛盾的过程。双方都需要时间冷静下来，镇静下来。

老师摆出就事论事的态度，或者带些幽默。我们给老师示范的例子是：老师玩笑似的挥挥手绢，好像说，我们有些令人痛苦的问题，但是憎恶和气愤都没有用处，这是休战旗。我们能谈谈吗？像这样就开始了师生间的对话。

"哦，（学生有些焦虑需要慢慢克服）……我们可以谈谈。"

"今天早上我们俩谁都做得不好。你知道我指的是什么吗？"

"知道。"

"当时我很生气，我对你说了一些违心的话。我为此向你道歉。"

　　"嗯……"学生咕噜着，因为学生不熟悉这个话题。他没有对老师说同样道歉的话。于是老师说："我很抱歉说了那些难听的话。假如你也说……我会感觉好些。"

　　这暗示学生也作出道歉，倘若他能够说出："我也很抱歉……抱歉。"

　　"谢谢。谈话的确比叫嚣感觉好。但是我们现在还有个小问题，不是吗？"（下面老师将场景转移到"师生共同对付问题"而不是"老师对付学生"。老师提出的这个问题尽管很严重，但是并非不可逾越。）"你的家庭作业突然完成得不好，这使我不高兴。怎么回事？"

　　"明天我可以多做些额外的家庭作业？"

　　"在我看来，这个问题比整夜赶作业更加糟糕。我们必须将问题分解成若干个小部分来加以克服。这些小部分问题是怎样发生的？怎样防止再次发生？最后，这件事的负面影响是什么？攻击性语言肯定会造成负面影响。"

　　老师完全控制了局面。他有主动权，处于领导地位。他朝着修复师生关系的方向努力。在问题解决过程中，老师毫不妥协。相反，他完全说明了怎样修复关系，成熟的人应该怎样处理破裂的关系。这对于学生在今后的工作中与同事相处以及处理好家庭婚姻关系意义重大。

　　当发生矛盾时有领导才能。这里的方法是：积极主动地讨论或者找到突破口。牢不可破的关系能够经受冲击。例如有部电影的主题是冲突。假如学生有兴趣观看这部电影，倘若这部电影适合学生的年龄，那么这是和学生一起看电影并且事后讨论的良好机会。"他们怎样处理问题？他们是怎样表现出平衡和镇定的？倘若我们遇上类似事情，这对于我们有何借鉴意义？"所有的这些问题贯穿于电影中，这些信息将扩展学生的经历，教会他们准确地判断。当嘲笑和粗鲁的话语出现在学校男生浴室时，你的学生很可能不会被击溃。他知道他比浴室其他的男孩有更好的、更成熟的判断力。

　　和学生谈论性、酗酒、吸烟和吸毒。即便没有教师的指导，娱乐业和广告业以及其他学生也会为学生营造涉及这些话题的氛围。但是老师直接给予

T7　奖赏和惩罚的强化：掌握奖赏和惩罚
的技巧，注意奖罚的时机与分寸。

学生这些知识，学生就没有必要从其他途径了解了。

和老师讨论过这些话题的学生，了解了家庭重要性的学生，不太可能被
坏榜样左右。我们将在第 6 章讨论性，在第 7 章和第 8 章讨论其他问题。

5.3　采取奖赏强化和适度惩罚强化（T7）

我们的目标是给予你一些有用的正强化工具。我们在这部分说明正强化
的一些必要基础知识。正强化类似奖赏。这个工具在课堂上很有用处，同时
在与家长的沟通中也可以经常提到。

"被正强化的行为往往再次发生。"我们建议要学会下面的一些语句——
它们由著名的心理学家斯金纳提出。这意味着产生积极后果以后的行为将会
更强大，因而很可能再次发生。

奶奶照看着几个小孩子。她说："如果你们安静地睡午觉，那
么醒来后就可以吃小点心。"孩子们安静地睡午觉。睡觉行为产生
后，他们都得到了小点心（强化在这儿是小点心）。孩子们今后很
可能会安静有序地睡午觉。

小孩子上学，练习写字，写好后把它拿给老师看（行为）。老
师说："进步真大，秦好。你可以进行下面的练习了。"做得好（强
化在此是老师的认同），秦好很可能学习更加努力。

我们在百货商店买了一些东西（行为）。当我们要离开时，店
员来到门口，微笑着送我们（这里的强化是社会认同）。我们很可
能会再来买东西。

"篱笆那面的橘子看起来不是更好些吗，但没人敢过去摘。"13
岁的一个孩子说道。"我敢。"李江说。他翻过篱笆摘了橘子（行
为）。"李江真大胆，真勇敢。"其他学生带着惊讶钦佩地说道（这

里的强化是社会参与）。李江很可能会重复这类坏行为来回馈大家对他的关注。

余娟告诉我们："我父母给我安排了大提琴课，长期以来我一直想能弹奏巴赫的咏叹调。""我花了几个月时间进行艰苦的练习，最后我做到了（行为），我达到了我预定的目标。"（这里的强化是成就感）余娟很可能再设定更远大的目标，然后通过辛勤努力来达到目标。

喝着咖啡、不断吸烟的一位女士整夜泡在赌场，把钱塞进机器进行赌博（行为）。她几乎输掉了所有的钱。突然，下一个硬币投进去时，机器开始闪耀发光，铃声响起，钱吐了出来（这儿的强化是金钱、灯光、声音，以及围观者美慕的议论）。这位女士很可能会继续不断地往机器里投进硬币，拉动手柄。

关于强化的观点。我们从上述简单的例子中了解到很多东西。
正强化有很多类型，你可能已经想到一些我们没有提及的类型。这些类型可以根据从低级到高级的发展过程进行排序，例如：
◇食物；
◇分数；
◇金钱；
◇社会参与；
◇社会认同；
◇权力；
◇自我认同；
◇精神满足；
◇利他主义。
强化必须和年龄相匹配。雇主给干得好的员工提供小点心就不恰当；父母让4岁大的孩子参观圣洁的神殿，然后希望他保持床铺干净，也是不恰当的。强化要起作用，就必须使强化和学生年龄匹配——或者略高于年龄水平。

是否只有正强化？不，还有负强化，例如否定、羞愧、剥夺、延缓满足等等。惩罚通常被归入负强化。在负强化中，有条规则我们要记住：被负强化的行为往往很少再次发生。这很容易理解，例如：

有个6岁的可爱小女孩在厨房准备食物。这项任务对她而言有点难，但是她尽力做好。最后她端出她的成果时意外绊倒了（行为），摔碎了盘子，地上撒满了玻璃和食物。"笨孩子！"大人说道（这里的负强化是社会否定和当众羞辱）。这个小女孩很可能再不会到厨房进行尝试了。

上述例子说明了对正向行为的负强化是严重错误的。显然，正强化应在正向行为之后，而负强化应在负向行为之后。下面的例子说明了后者。

李江偷了橘子（负向行为）。"李江，"父母说，"你做了一件不能被接受的错误的事情，后果严重。你现在去杨先生家道歉。你要为你拿走的橘子付钱。"（这里的负强化是语言否定和金钱损失）李江以后可能不会再偷拿东西了。

如同正确运用正强化一样，在负向行为之后就应该马上运用负强化。而有些家长却一直等到负向行为根深蒂固时，才运用惩罚来解决问题，这样做，负强化的作用会大打折扣。

主观性：人们主观决定什么是正向行为，什么是负向行为。下面这个例子清楚地说明了这个问题。一位父亲对我们说，当他下班回家时发现他儿子堕落的行为。于是，父亲朝儿子又喊又叫。这种时刻真令人不快。父亲不能够理解为什么儿子的坏行为不能够随着他的负强化而减少。我们观察父子间发生的事情，我们发现孩子完全被父亲忽视——孩子的好行为也被忽视了。只有当孩子开始坏行为时，父亲才注意到孩子。假如孩子能够告诉我们的话，他会说："得到糟糕的注意也比一点不被注意好，而且使父亲生气很有趣。我感觉像个西班牙斗牛士。好像斗牛士控制愤怒的公牛一般，我控制了生气的父亲。"父亲认为的否定结果在孩子眼里却是肯定，孩子宁愿父亲生气，也不愿意被忽视，这就是孩子的行为越来越糟糕的原因。

时机。强化立刻伴随在行为之后，或者稍后，或者几年后。但最佳的情况是，学生的正向行为马上得到强化。家长常犯的错误是在困难的任务过后很久才进行强化。例如假如李雨（7岁）的父母说："你一年后在班上拿第一，我们就给你买自行车。"效果很可能并不令人满意。7岁孩子的注意时间长度很短，而任务又太难。结果就是，李雨心里想："任务太难，时间又太长。我做不到。我会令我父母失望。"尤其对于年龄小的学生，强化物应当小，易于得到，紧随行为之后。

强化的安排决定了行为的强度。我们看看下面两种情况。

首先，你已经习惯了得到报酬这种对你每天的工作的强化。假如报酬完全停止了，你会再工作几天，不会很长！你可能再工作几天，但是假如报酬不能兑现，你会放弃工作。形成每个行为后都会有强化，一旦强化停止，行为将消失或者很快停止。

第二，让我们去美国拉斯维加斯的大赌场看看。早晨，我们看到一位憔悴的、不断吸烟的女士站在赌博机旁。她在赌博机旁呆了一整夜。她投钱进去，拉动手柄，反反复复这样做。晚上有几次投入的钱让她赢了钱，但是后来投进去的钱却没有回报。现在，假如在她不知情的情况下，我们弄坏赌博机，让它不再吐钱出来。在她放弃之前，她会继续多久投钱和拉手柄的行为？答案是：很长很长时间。对年龄大些的人们的一连串行为不进行反向强化，他们的行为不会停止。类似赌博者的对强化行为的安排是十分强大而持久的。

这个发现的意义或实际价值是什么？假如老师或者家长偶尔强化了学生令人讨厌的行为，那么他们就在无意中使这种行为得到了强化。

正强化与负强化比率：保持环境的正面效应。研究者告诉我们，学生在4个正强化和1个负强化的环境下表现最好。但实际情况却是，当我们发现学生难以管教时，很容易对其批评责备，采用大量的负强化。对于强化，我们要做到：

◇给出适合学生年龄的强化；

◇强化紧随行为之后；

◇任务不是太难以达到；

◇4 个正强化对 1 个负强化；

◇帮助学生应对来自同伴、广告的强化；

◇帮助学生运用成就来进行自我强化。

理解行为结果序列，找到关键。这个工具有助于你指导痛苦的家长。家长经常抱怨，有时候缺乏经验的老师也抱怨。下面是一位母亲的例子。假设一位母亲说："我告诉我的孩子该做什么，他就是不听。这是怎么回事？"我们邀请这位母亲来到我们的观察室，让她和 6 岁的孩子玩一会儿。我们通过电视观察。这位母亲叫孩子玩特定的游戏，以便他们可以一起玩。孩子不理她。她再次要求，孩子还是不理她。她又叫孩子玩别的游戏。孩子有些被激怒了，说道："我不喜欢那个游戏。"她再次恳求玩另外一个游戏："我不想和你玩游戏。"孩子不用任何借口说道。到这个时候，我们的观察已经足够了。

我们观察到了什么？首先，母亲提出要求。接着孩子不顺从要求。这是每个人都能够看到的。然而在帕特森教授的帮助下我们观察得更加深入。孩子表现出不顺从，接下来会怎样？母亲忽视孩子的不顺从——或者更加糟糕，她仅仅哀求孩子。母亲的忽视和哀求是对不顺从的强化，她无意中强化了她不愿意看到的行为。我们把整个过程分解成几个小部分，以便我们能够很容易地看到每一步都是怎么回事。

（1）家长要求。这里是母亲要求孩子。我们称之为要求。

（2）孩子的反应。孩子的反应是不按母亲的要求做。我们称之为不顺从。

（3）家长的反应。母亲对孩子的不顺从不作为，我们称之为忽视。顺序如下：

母亲	孩子	母亲
要求→	不顺从→	忽视、哀求

现在我们清楚地看到了问题所在。孩子对于要求明显不顺从。母亲完全忽视了孩子的不顺从，而是以哀求讨好孩子。接下来孩子的行为发生了什么变化？没有任何事情促使孩子的行为改变。

要求→不顺从→忽视，这个次序强化了不顺从，使顺从行为发生的可能性减少。

下面是家长或者缺乏经验的老师哀求和抱怨的情况，以及非建设性的行为。这让事情更糟糕：

哀求、抱怨、说教、进行不会实施的威胁、在不顺从行为后提出一系列要求、自言自语地说这孩子真难以管教等等。

建设性的方法是对不顺从作出反应，不要忽视它。我们给家长做咨询时会怎样做呢？我们温和地帮助家长明白他们失去了影响力——接着教会他们如何收回影响力。

（1）平静地提出一个关键性的要求，然后保证孩子能够顺从。

（2）随时都要记住，自己是负责的家长，而不是孩子的竞争者，因此不要说这样的话："哈！我从老师那里学会了怎样让你举止得体。"这样的话语传递着这样的信息：家长和孩子处在同一水平上，他们在竞争。然而作为家长他们应该掌控局面。

（3）在孩子不顺从时，要镇定而果断，不要哀求孩子顺从——哀求的行为会强化孩子的负向行为，因为这就是告诉孩子他可以控制局面，家长很弱小。也不要进行无意义的威胁。

（4）将计划变为行动，并连续实施。家长可以让孩子受到"社会强化"，比如惩罚，孩子有不良行为后立刻让他一个人呆3分钟，不让他玩玩具以及其他令人愉快的东西，或者让他坐在角落的椅子上就是典型的做法。

（5）为最初的反抗做好准备。通常，事态最初看起来很糟糕，因为孩子会检测新环境，看看这种改变是否是真的，是否强大、严肃而持久。

（6）家长可能不忍心实施这个过程，除非他们具有这样的意志：不仅要使我的行为起作用，而且要避免步入忽视不顺从的局面。这里的理由很重要：孩子反抗家长的努力，孩子的倔犟会由于成功而得到极大的强化，将来就更加难以应对。这就仿佛是在培养孩子的这种意识：我设法教会他们放弃，我就像那个赌博的女士——假如我坚持，迟早他们的努力会再次失败。

在这个例子中，孩子相当反抗，因为他无意中被教会了母亲所说的所有事情都可以不理会。当孩子被放到椅子上"出局"坐3分钟时，他突然感到了沮丧。这时候，母亲有准备地、平静地让他回来，这样反复几次。孩子越来越大声吵闹，开始推椅子。出于安全考虑，母亲将椅子移至卧室。孩子继续从椅子上下来，企图离开卧室。母亲把住门口，直到孩子在卧室呆满安排好的"出局"暂休时间。这次孩子没有立刻成功，他在接下来的几天还需要几次"出局"。母亲做得很好。后来她说，她对她使孩子行为恶化的程度感到很惊讶，她不想再次发生类似的事情。一旦孩子举止得体，母亲和孩子都很高兴。

小心学生教会你的事情。"得到强化的行为往往再次发生。"这条规则不限于学生行为，而且对成年人也有效。我们训练学生，学生也训练老师。我们发现有时候师生间存在竞争，这并不令人吃惊。尤其是对于控制型性格的学生，到底是谁训练谁，是老师、家长训练学生，还是学生训练老师、家长，这还真是一场比赛。

有时候孩子会强迫家长。他们运用打扰或者惩罚我们的行为得到他们所想。下面是一个经典的例子。

　　一位母亲带她桀骜不驯的4岁孩子去商店买东西。事情一直进展顺利直至母亲来到付款的地方。店员在这儿放有糖果。孩子开始吵闹着要求母亲买些糖果。商店里每个人都听到了。母亲很尴尬。她让孩子安静些，但相反，孩子吵得更大声了，母亲为此很羞愧。为了让孩子不吵闹，母亲对孩子强迫性的行为投降了，给他买了糖果。孩子安静了。他们离开了商店。

是谁在训练谁？让我们来看看事情发展的顺序。第一，我们看到家长对孩子进行的行为训练。

孩子尖叫→糖果强化物

孩子让家长难堪、提出要求、尖叫（行为）。接着母亲是怎样做的呢？她用食物强化物——糖果，强化了孩子的行为。她"相当专业地"教孩子运用令人尴尬、提出要求和尖叫行为达到目的。下次在类似的地方孩子很可能再次出现令人尴尬、提出要求和尖叫的行为。

第二，孩子又是怎样训练家长呢？

母亲投降→孩子停止尖叫

母亲投降并购买糖果（行为）。孩子运用了什么强化物？他运用停止痛苦状况作为他的强化物。结束痛苦的、尴尬的、令人羞愧的状况是令人愉悦的，这如此令人愉悦以至母亲乐意通过投降来获得。于是，孩子运用结束痛苦的状况作为强化物教会母亲顺从和妥协。

在这不愉快的小插曲之后，母亲很可能再次对孩子的要求妥协，孩子很可能再次在公共场合提出要求和尖叫。母亲在训练孩子时，孩子也在训练母亲。母亲的行为破坏性很大，但是她没有意识到这点，我们称之为偶然性。

另一个例子是来自讲演。当讲授者在讲解时，他们在找寻什么呢？研究者调查了这个问题。结果和我们的预料一样，讲解者花费了很多时间寻找听众作出的积极的反应——微笑、点头、着迷等等。

老师要警觉是谁在训练谁。有时候我们会听到学生哀求老师。老师很警觉，制止了这个过程。"对不起，"老师说，"一旦你用正常的语调和我讲话，我才会听你说什么。"老师心里想，"不能强化哀求行为，这很重要；说清楚要求什么，这也很重要。"很快学生就用正常的语调讲话，并且受到了老师的关注。老师的回答是合格的、负责的成年人在有技巧地训练学生。

是我在教优秀的学生——我很难想象是他们在教我。这似乎不可能发生在我身上。然而这却微妙地发生了。例如研究者将讲演者进行拍照。研究者发现，演讲者在寻找关注的、认同的、跟随老师思路的那些作出积极反应的听众。

为什么当我们认为自己的所为是正确的时，事情还更加糟糕？当你发现这个问题时，看看下面两种可能性：

（1）我们没有注意到，行为在什么地方受到了偶然的强烈的强化。例如学生在学校环境中受到表扬、注意和羡慕而强化了学生的行为，以至于我们希望通过忽视他来制止这种行为的做法作用非常有限。

一个学生小声讲话，每个人都听到了。通常，老师和学生都忽视了他。有时候，这个学生让几个学生咯咯发笑。偶然的社会认同像赌博者偶尔从赌博机中得到报酬一样，强化了学生的行为，使这种行为成为持久的习惯。

（2）我们认为是否定的强化但事实上却不是。例如我们认为公众修正是否定的，却被学生看做是积极强化物。

我不能够理解为什么一个相当沮丧的、默默无闻的学生不断做需要老师教育的事情。假如这个学生渴望得到公平的、被尊重的成年人的认同，他可能会做出小的被否定的行为来吸引你的注意。否定的注意总比被忽视好得多，这是他的理由。对于平常人而言，否定的注意是否定的强化，但在学生渴望被注意的环境中却成为积极的强化。关于这点我们有足够的证据。要保证学生被广泛认同和注意。任何关注都是有力的正强化，即便我们认为它有否定作用。我们怎么办呢？指派学生为你做一些小事也是给学生的积极关注。

回应负面行为的专业方法。上面的例子带给我们一个新原则：强化与问题行为不相容的行为。我们的工作是培养学生的新技能，把学生的每个问题行为都看做是我们必须制止或者消除的行为是不明智的。假如老师企图制止学生的每一个问题行为，那么只有熟睡的孩子才能够满足要求。

我理解仅仅制止学生行为的问题所在——学生几乎停止做任何事情——当然也没有开始或者萌生积极的行为。以一个小孩子作为例子。假如有个 4 岁的男孩养成了长时间将手放在私处的习惯（假如孩子没有需要治疗的疾病），怎么办呢？我们可以考虑以下次序：

孩子的否定性行为→否定强化

的确，这个次序将可以减少否定性的行为。但是这仅仅是制止否定性行为的方法，而并没有为孩子提供要养成什么样的行为习惯。

我们发现，当正面行为得到强化并增加出现频率，否定性行为就会减少或者消失，这时候孩子就不会再将手放在私处。我们该怎样做呢？拍手，有节律地拍手，把壶递给我，学习用两只手操作工具，比如做飞机模型等等。这些方法的优点是，将孩子从"静止"的否定强化状态转向"尝试与学习"

的正面强化状态。

新的不可兼容的积极行为→正面强化

现在有一名高年级的学生，他因为一些困难而烦心。西方的很多教师发现，可以通过找到新的强化指导学生克服这个问题。一项新技能很有用，特别是对学生很有挑战性的技能，能够增加责任心的技能，例如替老师或者班集体做些特别的事情。

"我想，你是否能够学会用计算机将我们班的体育成绩记录下来。""我们需要一个领队负责将器材从保管室移到运动场，搭起来。你能够承担这项任务吗？""我必须把这些文件交给校长，但我现在走不开。你可以帮我交文件吗？"

在考虑用否定强化来解决问题之前，就应寻找与问题行为不相容的行为，然后强化。这种方法为教师和学生开辟了新的前景。

为什么少量惩罚效果最佳？惩罚几乎和否定强化作用一样好。然而惩罚也有短处：

◇惩罚将学生的注意力转向避免受到惩罚，因为惩罚令人不快。这会将学生的注意力从学习正面行为转移到避免受罚。

◇惩罚往往使学生的注意力放在惩罚者身上，而不是放在行为上面。学生往往对惩罚者怨恨、妥协，甚至产生报复心理等等。

◇惩罚经常产生负面影响，即噩梦或者气恼。

惩罚往往能够引起学生的注意，因此是好方法。假如一个3岁大的孩子拒绝学会不要跑到公路上去，因为他发现在汽车开过的关键时刻被救回来很有趣，通常我们建议对这种行为使用否定强化——否定、丧失特权、放学后留校、不让参加学校活动等等。

斯金纳教授早期对计算机在教学中的应用方面的研究效果显著。他们运用各种音像强化学生掌握每个步骤，然后掌握全部，所有的学习内容都被精心地、科学地进行了编排。

　　T8　学会学习：使你的学生成为擅长学习，不断改进学习方法的高手。

5.4　教会学生善于学习（T8）

　　当我们教授学生知识时，教会学生善于学习这种方法很不错。我们运用这种方法还可以提高学生的自学能力。优秀的教师明白运用技能教育优秀的学生。他们清楚这些技能对学生意义重大。我们这里的目标是为你提供一个菜单，一个为你组织讨论和经常性复习准备的事项清单。你当然可以将这些事项混合使用。

（一）班级清单材料

　　我清醒吗？机警吗？健康吗？首先，一个人当然要清醒、机警和健康。健康膳食，尤其要控制咖啡因，充足睡眠也很重要。

　　我能够充分听到和看到吗？有些学校在听和看方面没有障碍。假如你坐得离黑板太远了，那么可能就有问题。你可能无法很好地接受老师的教学，因为你听不到或者看不到。佩戴眼镜和坐得近些通常有助于解决问题。

　　我记笔记的技能怎样？教师通过连贯的讲解把知识传授给学生。有时候，学生难以理解主要话题，难以明白关键观点以及关键观点的有关细节。有些学生进步巨大，因为他们听懂了大的主题和小的细节。他们在课堂上记笔记——或者稍后再记笔记。这样，他们很快就清楚了什么是重要的观点。

主要观点 1：
观点 1 的第一个支撑细节
观点 1 的第二个支撑细节
观点 1 的第三个支撑细节

主要观点 2：
观点 2 的第一个支撑细节
观点 2 的第二个支撑细节
观点 2 的第三个支撑细节

通过没有标题、段落或者提纲的笔记来学习就有点像看一幅没有拼好的拼图。

我参加了讨论吗？有时候，学生认为他们没有必要参加讨论，因为他们认为他们已经理解和掌握了讨论材料。但是班级讨论不仅仅讨论材料。讨论有助于学生发展自己的表达能力，教会学生劝说、用观点进行引导的技能。参加讨论将受益匪浅。

我上课时问问题了吗？不明白的地方课后问老师了吗？有些学生善于在课堂上提问，善于和老师讨论难题。他们从这两项技能中受益匪浅。帮助学生理解，"不提问是很危险的境况"。你可以让学生举手问问题，帮助学生克服尴尬和焦虑。

我保持进步了吗？教育研究表明，接受到我们做得怎样的反馈信息是一种有效强化。学生能够学会注意自己进步的程度，这样很令人愉快。

（二）课后清单材料

我有严格的学习纪律吗？对于大多数学生而言，他们清楚哪个晚上学习，什么时候开始，什么时候结束。学习纪律的自我约束表明了你生活的重点和焦点。没有明确的学习纪律有两个坏处：一是难以完成学习任务；二是往往因自己所做的比知道能够做的和应该做到的要少而感到糟糕。假如学生难以在固定的时间学习，建议将他们的时间安排公之于众，进行公开监督。

在学习的时间内我精力分散吗？当然，有很多事情可以分散我们的精力。电视是一个最主要的分散精力的东西。学生很容易在心里想："这个节目有趣……让我看看结局怎样……这很有趣……还有个节目很不错……看看也无妨……我会以后把功课补上……"研究表明，美国商业电视产业对学生有明显的负面影响。电话是第二个分散精力的东西，我们建议在做作业时避免接听电话。

我精力充沛吗？注意力集中吗？我们每个人一天中都有一段时间是最佳工作时间。这时候我们能够清晰地思维和更有效地工作。你一天中的最佳工作时间是什么时候？一次，一个不能够做完作业的学生告诉我们，他做作业时趴在书本上睡着了。我们问他，他一天中最佳思考和写作的时间是什么时候，他说是傍晚 7 点到 8 点 30 分。结果他没有利用这段时间来学习而是一直在做其他事情，一直等到他最佳精力即将耗尽时才打开书本。鼓励学生有效地安排他们的时间，以便在他们最清醒、最有精力的时段做最重要的工作。

我在学习时间内安排了恰当的休息吗？高度脑力活动和精神集中不能够持续很长时间。休息可以使你保持敏锐，做另外的工作也可以保持敏锐。观察你自己，决定你最好的安排——每 45 分钟休息 5 分钟？每 30 分钟变换任务？在休息时做些什么？吃东西？做锻炼？做些自己感兴趣的事情或者做家务？发现最适合你的工作任务。

我有适合的地方学习吗？很多学生都有专门的学习地方，有些学生打扫干净大桌子，在那儿学习。这些地方都能够很好地学习。

学习环境良好吗？你学习的地方应该安静又干净，"这是学习的地方。这儿的物品都是为了完成任务，使事情进展顺利"。这样的地方布置得非常简单，一把椅子，一张桌子，你可以舒服地写字，还有充足的光线。假如可能的话，用台灯最好。灯光靠近你左边，假如你习惯用右手。最后将容易分散你注意力的东西减到最少。显然，应当关掉电视。学习时听音乐吗？通常我们最好在安静的环境中学习。但是有些学生在有背景音乐的情况下学习效率更高。总之，尽量集中精力。

我是一个人学习还是和同伴一起学习？通常，学生一个人学习效果好，但当学习复杂抽象的内容时，你会发现，和同伴一起学习很有益处。你们可以大声讨论，互相提问题，尝试用不同方法解决同样的问题，并对解决问题的途径和方法进行比较等等。不要畏惧与比你强的人一起学习，这是一个"窃取他人脑力成果"的机会。你可以问这样的问题："你怎么知道的呢？"或许你的同伴已经掌握了一些你应该知道的基础知识；或许她理解了过程，她可以给你解释。同样，你也需要这样的练习，不要担心与比你差的同伴一起学习。你有教他的机会，你可以讲解必须掌握的基本观点；你还有机会向同伴提问题，以检验对材料的掌握——这正是你在考试中所需要面对的。

运用标准化方法进行学习。当需要完成一个大项目时，有些学生舒舒服服地等到临近最后期限时才开始从头至尾做整个项目。这是在冒险，是不可靠的策略。我们建议使用以下策略：

◇写下目标。

◇反复写提纲或者纲要，从非常粗糙的、不正规的开始，直到你认为提纲覆盖了整个工作。

◇然后一步一步提高和完善。

◇自己进行最尖锐的批评："假如这是我竞争对手的作品，我会说什么？假如我的竞争对手看到这个作品，他会说什么？"通常，你的作品将会有实质性的提高。将改进了的提纲或纲要抄写一份交给老师。

不要拖沓，立刻行动，坚持计划，同时不要错过了最后期限。

（三）关于怎样学习的最好的研究发现

对任务或者目标有一个清晰的概念。没有清晰的概念，就没有成功的机会。为了避免这些困难，在开始工作前要问："我对问题或者目标是否有最清晰的概念？""我是否知道答案、结果或者过程应该怎样？"

将任务分解成为小步骤。俗语说："一口吃不成一个胖子。"古人也说："千里之行始于足下。"很多任务看起来很困难，将大任务分解成可以操作的小任务。假如我们每晚做十分之一，就可以克服困难了，任务就有可操作性了。（当然，这就是每个大任务完成的方法，无论是制造复杂的飞机还是建造水电大坝。）

找到让自己得到反馈的方法。通常，我们一直工作却没有意识到我们进展如何。这很容易掉进这样的陷阱：仅仅注意缺陷、错误、短处和尚未完成的任务。要帮助我们自己注意我们已经进展到什么程度了，我们已经取得了多大的成绩。这种方法能带来现实感，让我们自己知道工作的进展情况，例如"当然还有很多事情要做，但到目前我有不错的成绩，注意点，我能够保持进度……"

当一项任务历时很长时，就要制订时间表。我们很容易对大项目产生畏惧感，将它推到以后。这使得我们焦虑，结果通常不妙。因此要在早期就开始做项目。第一步是制订计划草稿（详见工具 17，第 7 章）。即便是写在小纸片上的计划草稿也能让你明白任务是什么，怎样采取步骤，难点是什么，以及怎样克服难点。总之，计划草稿将是一幅"地图"，是你理解工作的开始，这让你没有必要畏惧这项任务。接下来，你多次修改计划，确定完成每一步目标的日期。时间总是短暂的，具有明确进度安排的计划将有助于你在每个步骤之间恰当地分配时间。此外在计划的最后写进"检查"和"改进"

的步骤，以便使你的工作成果看起来漂亮而经得起挑剔。

使用记忆策略。研究者斯腾伯格和威廉姆斯总结了英语国家学生使用的不同策略：

◇分类聚积，比如通过类别记住其中的词汇，两种酸、两种酒精和三种葡萄糖。我们可以从第一个汉语拼音开始进行字母聚积，例如有 15 个项目，你可以分为以 5 个一组的三组，比如 ZZYCH、LCHEB、MZHYY 三组，这样就容易记忆了。

◇交互形象。例如学生将一些有某种联系的词汇在大脑中形成一幅画面，比如通过想象餐厅来记忆桌子、椅子、坐垫、碗和盘子。

◇固定搭配。词汇可以和名字或者数字结合起来，形成固定搭配。例如"一是小圆面包，二是鞋子，三是树木"等等。

◇地方词汇法。一个词汇可以和相关的地方标志联系起来。比如"我描绘乐山大佛，可以记住和平、静谧、城市中心，记住拥挤的交通问题。"

◇首字母缩写法。用一组词汇的首字母组成一个新的简单的单词，例如用 HALT 表示 "hungry angry lonely tired" 这种"饥饿、生气、孤单、疲惫"的状态。

◇离合诗法。这种方法是通过一个诗句或一个句子中各个单词的首字母来记忆另一组存在某种联系的单词。例如通过诗句 "bad boys run wild" 来记忆 black，blue，red 和 white 这四种颜色。同样，也可以用诗歌（中国诗歌）来记忆中国的朝代。

将任务分解成小目标来学习，而不是整体推进。研究表明，假如两个学生都要学习掌握单词表，投入了相同的时间来学习，一点一点记忆单词的学生比一次就试图记住所有单词的学生记忆和掌握情况更好。实际上，这意味着应当将任务分解成许多小部分，一个晚上学习一部分或一周学习一部分，这才恰当。多长时间才是合适的练习时间？或许是 20 分钟到 45 分钟之间。

努力运用、解释、赋予意义。有时候两个学生进行时间大约相等的准备，但是一个学生做得相当好，而另一个学生做得相对差些。这种差异源自于他们准备的方式不同。成功的学生在学习的时候心里会想："没有任何人，不是老师，不是我自己，也不是因为考试才需要学习。"真正的问题是：

重要意义是什么？

关键运用是什么？

不同寻常的运用是什么？

这个学习材料怎样和其他学习材料结合起来？

这个学习材料和其他学习材料的区别与联系是怎样的？

这个材料怎样影响其他学习材料？

其他学习材料怎样影响这个学习材料？

我怎样讲解这个材料？

SQ3R 方法。斯维特·布莱尔学院（Sweet Briar College）提出了一种方法，他们称之为"审视、提问、阅读、背诵、复习"（英文简称 SQ3R）。这种方法为有效学习提供了良好的脑力策略范例，是学生通过问题、行动和反复进行学习的方法。关于阅读你有问题吗？你是否刚阅读完就忘记了？按照 SQ3R 的五步法，将有助于记住你阅读过的东西！

审视（S）。了解材料的每一部分内容，确定目标（材料试图传递给读者什么），理解中心思想。

◇标题；

◇图片；

◇介绍和结论；

◇黑体字或者斜体字；

◇问题；

◇段首句和段末句；

◇脚注。

提问（Q）。当你在审视材料的每一部分时，决定你阅读哪些内容的一个好方法就是边审视边提问题。记下问题有助于你保持机敏，有助于你专注于学习任务。

◇将一张纸分成左右两部分。

◇当你审视材料时，在纸的左边记下问题。例如：

○标题是"第五课：空中跳伞"。你写下的问题是"通过学习第五课要了解怎样从空中跳伞"。

　　○介绍性陈述，"降落伞在学习空中跳伞中必不可少"。你写下的问题
　　　是"为什么学习怎样空中跳伞时降落伞很重要"。
　　○标题是"怎样降落"。你写下的问题是"了解怎样降落为什么很重
　　　要"，或者"在我们学习怎样空中跳伞时，降落的特定方式是什么"。
　◇除了提出你自己的问题以外，还要注意作者在不重要的地方或各节的
　　末尾提出的问题。
　◇用自己的话语而不是作者的语言写下这些问题也很重要。这有助于你
　　深入地消化信息，比如你可以更加容易地记忆和回忆。

　　阅读（R1）。当你阅读——通过阅读来回答问题时，既要在心里回答前
面所提出的问题，又要将答案写在那张纸的右半边。既然你已经通过提问选
择了学习材料中你认为重要的部分，你就应该有选择地阅读，放弃不重要
的、没有多少价值的部分。

　　用你自己的话语，而不是作者的语言来回答问题。这能促使你更加全面
地理解和领会，因为你要强迫你自己"翻译"在材料中或教材中经常遇到的
"令人费解的字眼"。

　　背诵（R2）。在你阅读和回答了所有问题以后，将问题及答案背下来很
有益处。你应当这样做：

　◇大声背诵问题（一次背诵一个问题）；
　◇根据你在纸张右边记下的答案，口头回答每个问题。

　　复习（R3）。
　◇使用笔记，24 小时以内复习学习材料；
　◇一周以后再复习；
　◇每月复习一次直至考试。

　　成功的学生会根据不同情况进行灵活准备，通过这种方法避免失败。不
成功的学生会说："天哪，我准备好写下所有的细节，但是老师不要求这样
做。我学习了这么长时间……"

　　帮助学生思考适合自己的学习方式。有些学生通过听口头讲解就可以学
得很好，有些学生在了解学习计划、学习次序和公式后学得更快，有些学生
通过解释学习材料巩固学习成果，有些学生通过书写进行学习，有些学生喜
欢通过运用来学习。老师可以帮助学生实践一些不同的学习方法，然后使用

T9 自我诊断：教会学生成为教育效果的
自我诊断者，这样他们才能进步。

效果好的学习方法。

扩展学生的思维，增强学生的创造力。除了问学生"还有其他什么方法"，你还可以从奥斯本教授所列出的清单中得到很多启发。

◇其他用途？新的使用方法？修改后的其他用途？

◇改进？像这样又会怎样？这意味着其他什么想法？过去有类似情况吗？我能够效仿什么？我要效仿谁？

◇修改？新的变体？改变意义、颜色、行动、气味、形态、性状？其他改变方式是什么？

◇扩大？增加什么？更多时间？更大频率？更强？更大？更浓？额外的价值？加入成分？复制？增量？

◇减小？更小？更致密？微观？降低？缩短？减轻？删除？流线型？分割？没有充分表述？

◇替代？由谁来替代？用什么替代？其他成分？其他材料？其他过程？其他动力？其他地方？其他方法？其他语调？

◇重新安排？改变内部成分？其他模式？其他方案？其他顺序？变换因果关系？改变空间？改变时间安排？

◇颠倒？交换正向和负向？相反情况又怎样？向后旋转？上下倒置？颠倒角色？改变角度？转换策略？投降？

◇结合？单元结合？目标结合？要求结合？观点结合？

5.5 教会学生自我诊断（T9）

我们的目的是打破孩子和家长之间关系的不良趋势：双方在面对问题时采取消极的情绪化行为，而不是分析问题。我们发现，中国的家长和孩子似乎没有认识到可以通过学习掌握很多不同的技能。因为他们没有表现出科学和分析的态度，他们通常采取情绪化反应，例如说"你真懒惰"。正确的做法是，你帮助每位学生认识到自己对技能的掌握程度，然后鼓励学生对自己的能力和不足作出评价，设计自己的提高策略。这样做的结果是能够培养出自我完善的个体。

考试之后，问题和失望使学生想到优秀的教师。优秀的教师不会对学生叫嚷"你真懒惰"。他们专业性的反应是"调查"。很多事情都可能导致困难，我们不知道究竟是哪些因素导致了这种困难，因此调查是解决问题的基石。

◇没有很好地理解关键性观点吗？

◇没有很好地学习基础知识因此不能够运用吗？

◇课堂讲解时没有理解关键性观点吗？

◇学习时没有理解笔记吗？

◇没有充分理解和听从指导吗？

◇粗心的错误导致的结果吗？

◇没有条理的、混乱的回答导致的结果吗？

◇理解了知识，但是却没有认识到怎样运用吗？

◇没有记住应该记住的重要内容吗？

◇做家庭作业时的质量不高吗？

可能是上述某两三个原因导致了学生的问题。确定原因并不是件轻而易举的事。当你和学生一起认识问题、确定原因时，事情就开始向好的方面转化了。你可以提供类似以下的改进措施。

没有很好地理解关键性观点吗？老师的问题包括："我看你理解了这点，你是这样理解的？"让学生给你讲解。然后让他们在旁边观察，由老师解决问题。最后你给他们解释过程。

没有很好地学习基本知识因此不能够运用吗？没有学会如何安排时间的学生和数着指头浪费时间的学生总是存在这种缺点。老师应该与他们谈话，发现最需要补习的功课，给他们安排额外的家庭作业。最初这样做没有乐趣，但是后来，学生会因为掌握了差点错过的技能而高兴。

课堂讲解时没有理解关键性观点吗？当老师讲解时，设想自己明天要在人民大会堂重复讲解这个内容。记笔记非常有用，不要忽略你不理解的知识。

学习时没有理解笔记吗？记住大的观点和支撑性观点。当你记忆这些知识的时候，将笔记抄写得更好、更整洁干净。

没有充分理解和听从指导吗？在动手做之前，仔细回忆老师的要求和指

T10 化解压力：帮助学生从不同角度分析压力、理解压力，支持与压力相匹配。

导。按照老师的要求做事情，不要做你以为的老师要求的事情，当然也别做你希望老师要求做的事情。

粗心的错误导致的结果吗？弄清楚错误经常出在哪里，假如错误是计算问题，那么就多计算几次。

没有条理的、混乱的回答导致的结果吗？解决这个问题的关键是努力使答案框架化，对答题顺序做简单的计划。

理解了知识，但是却没有认识到怎样运用吗？考试结果出来后，你发现你知道怎样回答问题，但却没有认出问题的种类。当你学习时，除了学习老师讲解的问题，还要考虑如何运用知识。出考试题的人想了解你是否能够灵活运用知识。

没有记住应该记住的重要内容吗？设定一个真实的行为目标，比如"今天晚上我将学习前半部分"。然后每隔几个晚上进行练习，自我测试，请他人测试，使用记忆法。

做家庭作业时的质量不高吗？寻找并去除分散精力的源泉，比如电视、电话、收音机。确保家庭作业时间只用于做家庭作业，而休息的时候就休息。

假如你开始调查了问题的种类，然后为解决问题做了有针对性的工作，那么很快就会有一个好的结果。

5.6 帮助学生化解压力（T10）

运用工具3和工具10，我们掌控考试压力。毕竟中国的考试制度是国家的考试制度，它有着源远流长的历史。它的变化进展很缓慢，这意味着想推进它的变革将花费大量精力。

工具3为学生提供了预期压力、保持关注的方法。工具10着眼于环境。我们的观点是：压力既不好也不坏。

为了使这个观点易于学生了解，我们考察美国西点军校的氛围。军校学生穿着上佳的制服，鞋子擦得光可照人，每件事情都严格按程序准时进行。一天所有的时间都充满巨大挑战，足以让我们焦虑得流汗。军校学生要保持最好状态，因为西点军校是一流的军官学校。学校教会学生表现出色，成为处理国际事务的专家，成为飞机、坦克、轮船、供给、物资供应、企业公关、新闻公关、鼓舞士气方面的专家，有最高的体育水平，有优雅的社交技能。西点军校的学生在遵守严格纪律的条件下才拥有以上技能。军校学生为什么在压力下没有畏缩？

　　答案是支持。学校将任务以非常小的部分分派给学生，他们评判学生每一步表现得怎样，他们要求学生在继续进行之前必须达到标准。为了掌握技能，学生必须相互讲解或者演示实际技能。每件事情都会得到支持——从怎样做到怎样更好掌握。整个基础是听从命令和得到支持。西点军校期望学生观察自己的行为，并且要求自己的行为达到更高水平。西点军校的校园文化是：高水准是每个人的责任，是每天 24 小时的任务。

　　我们从西点军校学到的经验是：

　　◇优秀的学生可以实现远大的目标；

　　◇小步骤训练；

　　◇学会并运用所学知识；

　　◇得到老师和同学的支持以及得到成功和成绩的支持。

　　学校可以效仿这些支持：科学的时间安排、安静有序的学习、将任务分解成可以完成的小部分、经常评价和检查学生、支持热心家长参与、推崇积极回应他人请求的文化。

　　家长总是询问该给学生多大的压力，他们实施的压力是太大了还是不足？通常，家长要求给学生更大的压力。

　　下面是家长们检查学生压力是否过大的方法。我们从两幅幻灯片开始，看看这个家庭在做什么，以及孩子的情况怎样。超额的压力从以下方面显示出来：

　　家长们认为，孩子必须通过考试，否则就不能成才。对成功的期望使父母让孩子独自学习，将孩子围于书斋，并频繁指责，而不是帮助孩子将任务分解成可以完成的一个个小部分。孩子的压力太大了。

　　看起来，孩子很严肃、不快乐，像个机器人。孩子们觉得自己快要死了，他们担心和惧怕会有更大的挑战；他们担忧遭遇失败时那恐惧的一刻。孩子的压力太大了。

孩子能够承受多大的压力取决于可以获得支持的程度。尽管开始时看起来很复杂，却值得我们研究。现在我们来了解压力和支持如何协同作用。

（1）孩子承受的压力水平低，支持和组织水平也低。这种情况有问题，因为孩子的潜能被浪费了。压力不足以使孩子前进，组织和支持也没有引导孩子进步。

（2）孩子承受的压力过大，而支持和组织水平过低。这种情况不妙，因为孩子一个人学习，可能失败。孩子压力过大，却没有有效的支持和组织为他指明方向。

（3）孩子承受的压力水平低，而支持和组织水平高。这种情况也不好，因为孩子没有受到挑战。对孩子的要求不高，却给予了他太多的帮助。这样可能会造就一个依赖性强的被宠坏了的孩子。

（4）孩子承受的压力大，得到的支持水平高。这种孩子可能有合理的行为，但是他几乎没有童年的乐趣，也没有时间来完善个性。

我们有一个压力和支持配合较好的状态，这种状态，组织和支持适中，压力适当。孩子既有一定压力，又得到适当支持，这有助于孩子成功。

组织和支持有益处，但是它们究竟是什么？它们的组成部分是什么？家长们问我他们具体该做些什么，一个好的家庭应该提供怎样好的组织和支持。我们看看两个家庭。一个家庭是上面的第二种类型，即孩子承受的压力过大，而支持和组织水平过低的情况。父亲经常说些威胁的话语："一定要考过！"孩子说："我不知道我是否能——太难了。"父亲的回答是："你一定得表现好。"这个可怜的孩子很焦虑，这妨碍了他学习的努力。他翻翻这个又看看那个，无心学习，他不知道自己是否掌握好了，也不知道怎样利用时间，当考试日期临近时就更害怕。

另一个家庭是上面的第四种类型，即孩子承受的压力大，得到的支持水平高的情况。自从孩子上学开始，上学和学习就一直是头等大事。家长给予孩子帮助，了解孩子带回家的作业，当孩子有点跟不上时，家长就安排额外的补习。家长通过自己掌握的知识来帮助孩子理解和运用知识。当考试临近时，父亲要花相当多的时间帮助孩子复习和练习。这个孩子承受了一定的压力，但是他得到了大量的支持。他的成功是压力与家长支持的有效搭配。

一个学生跟我说，他应该为考试做好准备，但是他有个同学只在上课时学习，回家后就不用再学习了。他睡眠不好，感觉沮丧。他问我该怎么办。我们要做的是，要帮助他实事求是地面对自己，面对"关于你目前情况的看法"。

（1）我们不能够改变目前的考试体制。因此，我们唯一能做的选择是在考试中考好或者考砸。

（2）假如你选择继续努力学习，那么就要认真考虑下面的几点：

第一，记住现实。

这个困难的时间仅仅会持续 20 周左右；

当你明白已经做到了自己能够做到的最好时，会感觉很好；

当你回忆时，你会因为自己尽力了而感到欣慰。

只有学生才参加考试，而不是老师。你是和其他同学竞争，你可以战胜他们中的一些人，随着不断努力，你能够战胜更多的人。没有要求你考全国的最高分，你的目标是考出你的最好分数。

班级考试分数的名次并不重要。假如你考了 99 分，而其他同学都是100 分，这也很不错；但假如你考了 30 分，而其他同学考得都比你差，这就不妙了。

第二，聪明地学习。

当你学习时，设想你在考场参加考试，在做试卷上的试题，这样做，就能够更快地发现问题，并很好地回答问题。

第三，相信自己已经做好了准备。

假如知道自己已经做好了准备，你就能够休息好。

第四，聪明地生活。

锻炼，饮食营养，中午 12 点以后不饮茶，不喝可口可乐，这样你睡眠质量好，能得到充分休息。

第五，运用自我谈话法。

对自己说："这几周我没有享受生活，而是刻苦学习。当考试来临时，我将是有力的竞争者。"

T11 健康教育：预防为主则相对容易，挽救生命意义重大。

第6章 保护和预防

尽管医疗水平在不断提高，但是我们认为学生的健康还是得不到根本保障。大量的宣传让学生不吃健康的食物，而劝说其饮用过量的甜饮料。有些严重的疾病越来越常见。香烟的危害和更易于获得的白酒造成的危险不断增长。针对这种情况，老师和学校的目标有两个：一是构建学生的健康，二是教会学生避免危害。

6.1 建构健康（T11）

营养。我们的身体要健康就需要不同的元素和物质。古代中国人挑选健康的食物，并进行烹饪。但是最近几年国外快餐公司改变了我们的饮食习惯，而且这种趋势还在不断加强。快餐食品和有蛋黄酱的油炸食品最大的问题是致人肥胖。美国年轻人中有相当比例体重超标，不能够达到身体健康的标准体重。假如学生体重超标，也可以回到正常水平，但是减肥比增重困难得多。很多人一旦超重就难以回到正常水平。迄今为止最好的方法就是不要增肥。

我有美国超重学生问题的资料。为什么会这样糟糕？超重和肥胖现在在美国儿童中非常严重。阿拉斯加州的数据表明，40％的儿童超重，25％的儿童肥胖。阿拉斯加州检测了大量的孩子，并为肥胖儿童及其家长提供减肥咨询，同时广泛提供预防教育。

肥胖会引发严重问题。美国最近的研究表明：肥胖的青年人感到不快乐，缺少安全感——很痛苦。与众不同、缺少吸引力、身体活动不灵活的感受是他们的严重负担。有些儿童感觉到他们不能够充分参与到生活中去。有些儿童力图通过某种方式得到补偿——例如肥胖女孩为了获得感情而更容易与男孩子随便地交往。

很多肥胖男孩子的青春期不像正常男孩子那样，因为和肥胖有关的荷尔蒙——雌性激素，往往遏制男性荷尔蒙正常发挥作用。

肥胖人群健康问题更多，今后瘫痪的可能性更大。最主要的几种疾病是心脏病、中风和糖尿病。这几种疾病每年都会夺去很多人的生命，消耗大量的医疗费用，长期妨碍医疗保障体系。然而这一切是可以避免的。

目前美国人的膳食和营养情况怎样？美国政府为此颁布了新的指导条例，《美国膳食指导条例（2005）》呼吁人们改变膳食结构，减少热量的摄入，增加日常锻炼。 （见 http：//www. health. gov/dietaryguidelines/dga2005/document/）

老师或者学校可以根据有关资料教授学生基本的营养知识。我们认为健康且营养的膳食习惯是：

◇吃大量的水果和蔬菜，摄入植物纤维

◇适量的蛋白质，比如肉和鱼

◇吃淀粉、大米和未精加工的面包

◇避免大量的动物脂肪、黄油和可可油

◇避免大量的糖

专家建议多摄入维生素，这种物质有助于身体更好地运转，保持健康。一位研究维生素的专家说，各种色彩斑斓的蔬菜和水果是良好的维生素来源。吃各种蔬菜和水果就行了。有些专家说，钾元素有利于好心情，有助于避免忧郁和悲伤。香蕉富含钾元素。

多年以前，人们认为，饱和脂肪，比如动物脂肪和可可油会沉淀在动脉血管壁上，导致心脏病，造成脂肪沉淀，从而导致肥胖。饱和脂肪现在仍然被看做是有害成分。

但是，现在的研究者对此有更深入的认识。我们的身体将碳水化合物和淀粉（比如土豆、面粉、面包、面糊、面条和大米）转化为糖的过程非常迅速。以心脏病为例，研究者认为糖分使身体产生胰岛素，过多的胰岛素导致炎症。动脉壁发炎导致胆固醇和脂肪沉积在动脉壁上，堵塞动脉，造成疾病。下面的忠告很重要：

> 不要摄入大量的糖和大量的碳水化合物，尤其不要空腹吃这些东西。倘若你需要消耗大量的体力（例如青少年运动员），那么当你摄入这些成分的时候，要与纤维、蛋白质或者有利健康的油同时摄入，这样可以缓解这些成分的吸收。

最受欢迎和最成功的减肥膳食法之一是南海岸饮食法，它的原理就建立在上述原则之上。这种减肥方法在开始时禁止喝含糖分的饮料，禁止吃含碳水化合物多的白面包、大米和面条。几周以后，可以在摄入纤维、肉类或者有利健康的油的同时食用含有碳水化合物的主食。对此感兴趣的读者可以从 http：//www. southbeachdiet. com/了解更多信息。

参加体育训练的学生需要比不参加训练的人吃富含更高热量的膳食。最后专业人员建议饮用大量的流汗，特别是在夏天。我们可以通过观察尿液进行监控。尿液不要太黄，清澈的或者略黄的颜色最好。

锻炼。老师可以教会学生两个关于成长的观念。一是要发展心肺功能，增加耐力；二是要锻炼肌肉，使身体强壮。不同的学校在帮助学生构建健康身体的方法上不尽相同，但是任何一种方法都会提高健康状况的总体水平，确保用最少的条件达到身体锻炼的最高效率。学校应避免只有少数几个运动员身体发展水平很好，而大多数学生陷入懒惰和肥胖的现象出现。

在发展学生耐力过程中，要强调加强身体锻炼。例如"让我们想到第一个方面——耐力。我们需要让肺供给足够的氧气来保证肌肉的运行，保证心脏吸入足够的氧气。这种状况只有通过呼吸和心脏快速跳动来达到。专家推荐快速行走、跑步或者其他练习，例如篮球。篮球运动能提高心脏跳动速度，调节呼吸。尽最大的努力锻炼，经常锻炼，一周至少 3 次，每次至少 20～25 分钟。这样，心脏将很强壮，肺将很有活力。我们的方法是……"

来自科罗拉多州的美国空军学校的资料认为，有潜力的军校学生通常腿部力量发达，而上半身的力量锻炼不充分。这提醒学生要注意平衡发展。你可以用这样的方法让学生获得平衡，例如有个学生经常长跑，那么他整个上半身就可能缺乏力量。我们认为，用举重或者体操这些锻炼，可以锻炼上半身和下半身，既可以锻炼力量又可以提高耐力和速度。

班级或者学校应该给男生和女生分别确定不同的体能和耐力标准。

睡眠。睡眠可以降低意识活动的水平，在这个过程中，身体，包括大脑得到休息和更新。有关睡眠的研究表明，睡眠对人类的生存很重要。长时间被剥夺了睡眠的人感觉难受，表现出得了严重精神疾病的症状。学生正处于身体需要足够的睡眠的时期。当然，不同的个体情况会有所不同，但是每天睡 8 小时，每天在大致相同的时间入睡是合理的。学生通常未充分认识到人体对睡眠的需要，低估了睡眠不足或睡眠效果不好所带来的问题。

学生往往没有认识到坏心情与没有得到充分睡眠有关，他们经常否认二者之间的因果关系。但老师应当清楚，睡眠不足或睡眠效果不佳通常会导致坏心情和注意力不集中。

以牺牲睡眠为代价来完成作业不是好的方法，第二天的精神不集中和长期的坏心情（"生活真讨厌。我必须做的事情很令人生气、很烦人。人们让我生气，我真希望世界上只有我一个人。"）代价太高。特别是有些大学生创造的"睡眠剥夺文化"，这使他们受到很大损害——比如大学宿舍没有人得到充分睡眠，因为他们非理性地认为"真正的成年人能熬夜到很晚"。帮助学生修正观念，保证他们的睡眠时间，这很重要，这样学生才不会付出牺牲睡眠的代价。

卫生和传染性疾病。卫生不仅包括使用水、肥皂和经常洗澡，而且也涉及勤换衣服，特别是内衣，防止身体有异味。令人高兴的是，在美国的学校，个人卫生差的情况并不普遍。

卫生问题的核心是防止细菌和病毒传染，换言之，就是要避免生病，保证食品和水的安全供应等等。学生需要初步了解病毒、细菌和寄生虫如何传播——怎样阻止它们传播。当流感、腹泻导致混乱和大量的缺课事件时，学校的教学任务就会受到严重干扰。数据能够清楚地说明这一点。

疾病通常是由细菌或者病毒导致的，诸如肺炎、食物中毒等等是细菌导致的疾病，而流行性感冒等则是由病毒带来的。细菌和病毒通过多种渠道从一人传到另一人。例如一个感冒的学生用手擦鼻涕，然后手又接触了门把手；而第二个学生用手接触了门把手，然后又用手接触鼻子，这样感冒就可能会传染给第二个学生。当人们打喷嚏时，细菌和病毒也可以通过飞沫从一个人传播给另一人。其他情况下，例如肝炎，可以通过患病者使用过的筷子进行传播——我们强烈建议在餐饮场所使用"公筷"。

性传播疾病不是一个愉快的话题。但是不幸的是，当未使用安全套时，很多疾病就由一个人传染给了另一个人。美国每年有300万青年人染上一种或者多种性传播疾病。但传染上性传播疾病的机会对于没有性行为或者只有一个性伴侣并使用了安全套的人群而言几乎为零。性传播疾病的关键问题是，人们在他们知道患病之前就已经传播了疾病。

艾滋病。中国的艾滋病问题日趋严重，这个问题远没有得到充分的认识。艾滋病让非典相形见绌。全世界因艾滋病死亡的人数已达到约1600万。艾滋病造成的孤儿估计有2100万。每天大约有16000人感染艾滋病病毒。传染上非典的人大约有90％得到治愈，然而艾滋病像死亡判决，除非能够发现适合的药品，能够承受其昂贵费用，并坚持终身服用。

艾滋病由一种病毒导致，这种病毒能够在身体内多年不被发现，因为免疫系统能够控制它。一旦免疫系统不能够控制病毒，艾滋病症状就显露出来。

据有关资料显示：

◇中国在不同的地区观测到艾滋病在一定人群中流行。在9个省以及其他艾滋病流行的地区主要是由吸毒者共用注射针筒导致。

◇有迹象表明，在有些省份存在同性恋导致的艾滋病传播。

◇感染了艾滋病的人群向没有基本血液安全程序的采集中心卖血，这对预防艾滋病构成了巨大挑战。

◇中国希望到2010年将染上艾滋病病毒的人数控制在150万人之内。

艾滋病是怎样传染的？通过接触受感染者的体液、血液、精液或者阴道分泌物均可传染艾滋病病毒。权威的科学杂志说明了艾滋病传染的主要渠道及其所占的比例：

注射毒品者使用不洁的针头	51.2％
血液提供，在血液采集时感染艾滋病病毒	22.8％
其他，血液或者体液	18.1％

性	7.5%
母亲传染孩子	0.4%

　　我们之所以谈论艾滋病，是因为艾滋病在逐渐成为国家的负担和个人健康的灾难。但是在老师的教导下，学生理解了这个问题，就能增强学生的安全防范意识。比如你可以对学生说："如果保持良好的卫生习惯，你在日常生活中就不会染上艾滋病。不要接触他人的血液和体液。"美国疾病控制中心建议：

　　◇当必须接触血液或者其他体液以及尿液、粪便或者呕吐物时，要戴上手套。

　　◇用绷带包裹裸露皮肤上的伤口或者划破的地方。

　　◇接触血液或者其他体液后立刻清洗，对皮肤表面进行消毒。

　　◇不要增加血液接触的可能性，因此不要用他人的剃须刀或者牙刷。

　　◇只有当你生病需要治疗的时候，才使用针和其他尖锐性东西。当然针和其他医疗器械必须是新的或者是刚消过毒的。

　　通过这些简单的忠告，我们认为，只要你不吸毒，生活自律，你就会安全地远离这种传播性疾病，而且也有助于维护他人健康。

　　丘疹。对健康问题最常见的误解是：我面部长丘疹了，真难看，这让我看起来很肮脏，像没洗脸一样，我要让它们消失。对于这个问题，我们一定要保持镇定。丘疹是我们不能够控制的问题，因此我们认为问题不是面部太脏。这不是个卫生问题，医学上也不能够确定为什么有些人长丘疹而另一些人不长，情况实在多种多样：

　　◇有些人皮肤上的毛孔似乎更容易堵塞。

　　◇有些人的皮肤似乎抵挡细菌的能力弱。

　　◇有些人吃巧克力和糖果时要长丘疹，而另一些人不吃巧克力和糖果也长丘疹，还有些人吃大量的巧克力和糖果也不长丘疹。

　　医学上还没有办法立刻去除丘疹，但通过一定的治疗仍然是有效的。

　　预防丘疹要投入大量的精力和努力。问题在于，你的新的荷尔蒙水平改变着你的皮肤。你的皮肤可能会分泌更多的油性物质，这些油性物质通过毛孔出现在皮肤表面，将毛孔堵塞。皮肤开始被细菌感染，发炎和发红，这样就又形成了新的丘疹。因此去除或者吸干油脂并尽可能保持毛孔清洁是很好的策略。

市场上有很多种清洁面部皮肤毛孔的香皂，你可以试试。使用这些香皂，通常要求你按摩脸部或者轻柔一会儿，每天这样做，可以去除面部皮肤的油脂，清洁皮肤表面，并尽可能保持毛孔清洁通透。接下来冲洗干净擦干即可。

不要忘记丘疹就是丘疹，而你的生活却是你的价值、你的成就和你的人际关系。

牙齿及其医疗保健。没有什么比牙疼更容易转移人的注意力了，那些牙疼得厉害和拔过牙的人能够理解这一点。刷牙，上上下下地刷，全方位地刷，是预防牙齿及其他口腔疾病不错的做法。有研究者认为，通过使用一种特别的被称为"牙线"的细线来清洁牙缝能够保持牙齿健康，牙线不仅能够清洁普通牙刷不能够达到的地方，而且还能够保持牙床健康。令人高兴的是，牙线很便宜。牙线在中国并不怎么为人所知，但在美国销售的大量牙线却是由中国供应的！老师要教育学生爱护牙齿，注意牙齿保健。你可以对他们说："保护好你的牙齿有两个好处：一是可以使你避免牙齿疼痛以及避免为此花费大量的医疗费用；二是为你今后一生的牙齿健康打下基础。"

有时候你会遇上有口腔问题的学生：这个问题太令人尴尬了——它足以毁了一个人的正常生活——口气难闻。有时候这非常糟糕，不仅仅有一点令人不快。即使是你的好朋友也会和你保持距离，但却表现出很同情你。人们在与你讲话时扇鼻子，往后靠并喘气，假装窒息。你应该采取措施了，但是你并不知道该怎么办。这个问题医学上称之为"口臭"，很多原因都可能导致口臭。

（1）吃了味道过于强烈的食物。在与朋友相处之前吃了大量的大蒜和洋葱——吃得太多了以致味道长时间不能消失。可以在其他时间吃这些味道大的食物，或者在与朋友见面之前漱口刷牙。

（2）噬菌增长和牙床疾病。经常不刷牙的人牙齿上会滋生严重的噬菌。噬菌是相当坚硬的、白垩般的物质。在严重的情况下，噬菌会在牙床线（牙床线位于牙齿和支持牙齿的肉之间）上生长。噬菌也可以导致牙床疾病，是口臭的一个重要原因，也是缩短牙齿寿命的因素。牙医能够刮去噬菌。只要坚持经常刷牙和使用牙线就能够保持牙齿的良好状况。

（3）牙齿内部有一个或更多的洞，牙洞内的腐烂物造成口臭。这些牙洞需要由牙医来修补，也就是你需要补牙了。

（4）感染，一种轻微病状，位于鼻腔或者咽部。这需要医生诊断和治疗。

牙刷、牙线和漱口水是你的三样工具。在你坚持使用它们而不管用时，我们建议你向健康保健专家或医生咨询，作进一步的诊断。

谨慎饮酒。人类自有历史记载就开始了饮酒的历史。酒是我们文化的一部分，酒的生产者现在大力宣传，力图使喝酒看起来像社会所必须。学生有必要了解酒这种东西，迟早你会喝酒。关键是要知道：我们的大脑有一个区域控制冲动，若失去控制我们会有麻烦。酒可以使大脑的控制功能丧失，于是我们在酒后会说出平常不敢说的事情，做出平常不敢做的事情，以及作出错误判断。在美国，酒与很多少年犯罪联系在一起（男孩子在失去控制的情况下偷盗或者攻击他人），与少女怀孕联系在了一起（女孩子失去了"说不"的能力），与高比例的青年驾车致死致伤联系在了一起（青年人失去判断能力和控制能力，鲁莽驾车发生车祸）。

因此我们建议，假如你想尝试饮酒，无论如何要避免和比你年龄大的不认识的青年一起喝，而要与你认识的信任的人一起，并在量上严格控制。有些事情值得一起庆祝，假日或者某人取得了成绩，在那种安全的环境中你可以了解酒的作用，以及没有危险的轻松的愉悦体验。

不要吸毒和其他合法毒品——特别是香烟。西方有一些靠苦心经营才发展起来的产业——非法的产业——他们进口和销售各种各样非法的物品。这些物品非法的原因主要是它们能使人上瘾，损害人们过上好生活的能力。比如吸食海洛因成瘾的父亲没有能力获得工作收入，吸食可卡因成瘾的母亲不能够照顾孩子——有时候政府不得不将孩子转移到安全地方。毒品使售卖者获利，吸食者受损。毒品严重伤害吸毒者的身心，同时也严重伤害他们的生活和他们周围人的生活。当吸毒发展到注射程度时，还涉及上文所提到的另一种危险——艾滋病。许多大城市中都有一些注射毒品的人群。

有一种毒品是合法的，就是含有尼古丁的香烟。香烟是会导致严重损害的唯一合法的产品。它的主要危害是：

（1）吸烟会损害肺部吸入氧气的能力。吸烟者比不吸烟者跑步时更加气喘——当然他们的耐力也更差。

（2）吸烟者比不吸烟者患心脏病的概率更高。此外吸烟的女性患乳腺癌和宫颈癌的可能性也很高。

（3）吸烟的母亲所生的婴儿会受到香烟中化学物质的损害。有研究表明，吸烟的母亲所生的孩子长大后因犯罪行为被逮捕的可能性更大——可能是因为他们的大脑不能够像未受损害的大脑那样学会承担社会责任的缘故。

（4）尼古丁具有很强的使人上瘾的特性，这也就是为什么吸烟者戒烟非常困难的原因。

当你在对学生进行有关香烟危害的教育时，你要指出："青年人将钱花在香烟上是巨大的浪费，这浪费了潜在的学习费用，让海外的资本家发财，而且冒着患肺癌的危险。吸烟不是风度和时尚的标志，死于肺癌尤其悲惨——无尽的痛苦，一个类似窒息的过程，或者是像一个慢慢向肺部注入液体、慢慢溺水的过程。为了自己仔细权衡再作出选择吧！"

避免头部的伤害。颅内损伤是非常糟糕的情况，即使头骨完好无损，智力也会受到比开放性头部伤害更加严重的影响。这是因为大脑是坚硬容器中的柔软器官，当大脑突然遭受剧烈震荡时，内部物质将受到伤害，甚至是严重的、永久性的伤害。因此在美国，青年人骑车时普遍戴着头盔。大脑是人体的重要器官，它支配着生活中的重要事情，如关系、信息、讲话、记忆、解决问题、适应环境等等。对头部的严重撞击，即使没有打破头骨，也可能导致持久的损害。损害的表现多种多样，但是最后的结果都一样：通常远离主流竞争，而且不能够再次回到其中。头部受损需要长时间的复原，而且今后只能做低水平的工作，因为这些人的语言、记忆或者解决问题的能力等等可能受到损害，只具有儿童大脑的智力水平。头部损害也可能由于溺水，即一段时间的缺氧导致，以及吸入了高浓度的有害化学物质所致。

在运动中保护你的头，保护你的头免遭交通事故的损害，例如从摩托车上摔出去。在美国，大量青年人在车祸中头部受伤，因此很多地方法律规定骑车时要戴上保护性头盔，这样可以避免头部受到严重撞击。照顾好你的大脑，不要吸毒，呼吸新鲜空气，你的大脑是无价之宝！

T12　青春期教育：帮助学生理解青春期的烦恼，避开青春期的陷阱。

6.2　青春期教育（T12）

为什么要教给学生性知识？中国最近的资料表明，性水平——无论是性观念还是性行为——正快速地变化着。有些学生因为性犯罪而锒铛入狱。在性水平方面，中国正在接近西方。在西方国家，性行为是很多学生失足的领域。性传播疾病流行，少女怀孕相当常见。假如我们要制止当前所面临的不良趋势，假如我们要避免西方国家的泥沼，就迫切需要具有建设性的举措。

（1）强烈的生殖冲动是我们每个人体内的遗传成分。当今的人们都是由父母生育，这听起来像句傻话，但是这是事实。在严酷的冰川时代，人们难以生存，生产后代困难重重，理性的人们不愿意生育。那个时候出生的孩子是父母非理性冲动的产物，性冲动如此强烈以至于克服了理性的想法，人们不可能等到有了更多的食物和更温暖的地方之后才来生育，没有哪一个孩子的父母生殖冲动是弱的。

因此我们所有的祖先生殖冲动都很强烈，我们每个人都遗传了这一特征。假如这种特征减弱，就没有孩子出生。从这点上我们明白，强烈的性感受和性冲动是由遗传而来，是人类正常而自然的一种现象。这样的感觉就像饥饿、渴一样是遗传特征的一部分，这使人类得以生存繁衍。因此当我们观察到学生受到这种强烈感受的影响时，请记住，性冲动是我们人类天生的一部分。

（2）的确性别设计对于现代社会并不理想。冰川时代英年早逝的人们还给我们遗传了另一种东西，也就是说，假如他们要成长到能够生育孩子，那么他们的性成熟就必须很早完成。因为，如果父母的性成熟太晚，那么在他们尚未将孩子抚养成人的时候就会死去，无人抚养的孩子在父母死后也会很快死去。因此我们都是生殖器官成熟早并且具有强烈性冲动的人们的后代。性别设计仅仅是现代人的事情，现在的人们寿命更长，可以在成熟前做长期的准备。学生时代一方面是要让身体生长成熟，另一方面是要为一生打下知识和智力的基础。

（3）人类生殖容易失去控制，因此形成了一系列的社会限制对人类生殖进行建设性引导。这些限制包括婚姻制度以及禁止婚外性行为、提倡贞操、使未婚怀孕者羞愧、要求遮盖身体的某些部位、将合法性行为看做个人隐私、性刺激导致的身体变化是隐私、性是隐私、要达到一定的年龄才能够生育和抚养后代等等。家庭和社会要维护这些社会限制。

（4）一些公司利用人们对性的兴趣进行营利，这损害了社会管理人类的秩序，破坏了社会限制。例如一些游戏软件对不符合社会限制的性行为的渲染；某些电影中过多的裸体或者性爱给观众进行的性的刺激；互联网提供的裸体图片和性行为图片等等。总之，当今的学生步入了一个充满性并利用性来得到商业利润的社会，即便是相对干净的广告，比如孩子的服装广告，广告商也会强调女孩和男孩，而不是服装本身，他们忘记了这样的广告宣传对儿童是不适宜的。这种情况在美国是如此的糟糕，以至于政府打出了这样的广告："和你的孩子谈论性——因为其他每个人都在谈论。"对于我们而言，毫无疑问，应该给学生提供细致而周到的保护。

（一）可能的目标

我们不能够改变环境，因此我们的策略必须与学生生存的环境相匹配。我们必须教给学生技能，教会他们辨别是非，教会他们有效保护自己。为了实现这个目标，我们的教育应该传授给学生一些什么？

理解非理性感情和冲动是人类遗传的一部分。非理性的常态是饿了就吃，困了就睡。一个女学生最近问我："我发现当我看见帅男孩时精神就不集中，而我现在应当学习。我怎么了？"这位女学生缺乏对性的基本了解，就像不能够应付剧烈的疼痛一样，对异性的兴趣是她不能够正常应付的事情。我们前面提到，人类不仅具有从祖先那里获赠的性器官，而且也接受了使用这些器官的冲动遗传。对异性的兴趣都是来自于人类的这些遗传因素。

理解性是一个不完善的系统，因此我们必须控制它——从时间上。显然，当今人类的寿命可能是冰川时代的两倍或者更多。青年人要获得独立所需的时间比过去长得多，这就造成现代青年人在他们独立之前要承受很长时间的性冲动。性的乐趣会在你追求事业的道路上发生，会在你能够供养伴侣或者孩子之前很长时间内发生。总之，我们从冰川时代继承下来的好的设计对于今天的世界而言并不完美，性成熟的时间没有调整到现代时间，性成熟的时间太早了。

理解性是一个不完善的系统，因此我们必须控制它——为了成功地生殖繁衍。学生会问："为什么男孩子渴望接吻、触摸、做爱等等？"学生需要掌握成功生殖的概念，为什么男性和女性有所不同？从生物学的观点看，成功生殖是转移基因给下一代。成功生殖的策略很不相同。比如昆虫使用的生殖策略是"拥有成百上千个后代，一旦孵化出来就不再养育，假如每一百个后代中有三个存活，就很不错"。狮子和熊的策略就不同于昆虫："我们一次生育一个或者两个后代。他们至少得受到几年很好的照顾和保护。"人类也有自身不同的生殖策略。

一个未社会化的、不关心他人的、只想进行生物生殖的男孩可能会说：

> 我不用怀孕，不用抚养孩子，因此对我而言让几个不同的女孩受精很有意思——这样我拥有后代的概率最高，还可以拥有各个孩子的母亲，她们当中的一些肯定拥有良好的基因素质，将成功地养育孩子。这样，我的基因也将遗传下去。

而一个对生育感兴趣的理性女孩，必须采取完全不同的策略。她可能会这样说：

> 我将怀孕，必须多年抚养孩子。在最初几个月，我身体虚弱，精力完全被婴儿占据，因此我需要良好的保护和照顾。此后很多年我需要有责任的帮助。假如我有个稳定的有趣的伴侣我会把照顾孩子的事情做到最好——这就意味着孩子需要一位勇于奉献的、有爱心的、忠诚的父亲，他会与我和孩子长期待在一起。只有这样我的基因才能够生存。

令人高兴的是，几乎没有男孩子和我们上面所举的例子一样完全受原始冲动的控制，但是有的男孩子还是利用潜在的冲动侵犯了女孩子。男孩子往往对征服和身体性行为感兴趣，而女孩子往往对建立长期的亲密关系更感兴趣。这就是为什么社会要求男孩子有责任控制自己，对女孩子实施性暴力要受到惩罚，导致意外怀孕要承担责任的原因所在；也因此，下面这句话是正确的："很多男孩子给出爱是为了获得性，而可怜的女孩子为了获得爱而付出性。"男孩子在追寻性快乐时会很有艺术性地劝说女孩子尝试性。要让女孩子明白，男孩子的性冲动不是由于你的问题，这点很重要。男孩子有他们自己的问题，是男孩子而不是女孩子有责任控制自己的性冲动。

令人高兴的是，很多男孩子很成熟，他们有礼貌，理解人。他们能够理解他们的等待，因为他们足够成熟，明白值得信任的伴侣发展成为终身伴侣的快乐。他们不愿意伤害美好的未来。

下列情况容易导致学生性行为的发生，而当下列因素结合在一起时就更容易发生性行为。女孩子应该警惕这些因素，而当这些因素结合在一起时，更要特别提高警惕：

◇男性明白目前的状况没有监督、没有任何人可能来打扰

◇女性长时间处于兴奋状态

◇男性年龄大、有经验或者劝说技巧高超

◇男性处于控制地位，命令或者威吓

◇女性迫切需要高兴起来

◇女性喝了酒或者吸了毒

◇深夜很晚

◇有可以躺下的床、沙发或者其他适合的条件

◇女性疲倦了，想睡觉或者睡着了

理解令人吃惊的生理现象。男性和女性都应当清楚地了解基本的生理现象。例如每个女性都应该清楚地知道为什么来月经；男性也应该了解他们的身体；无论男性还是女性都应该明白，通过推测女性的受孕期来避免怀孕是非常危险的，因为你无法准确判断卵子何时排出。当然，我们应该强调两个重要观点：一是应当避免性传播疾病和意外怀孕；二是要等待，能够避免问题和麻烦的人才能够享受性的快乐。

正确应对青春期变化。通过调查我们发现，青年人对青春期的认识存在着令人吃惊的不同。大多数青年人能够顺利地度过青春期，但并非每个人都享受着这一过程。有相当数量的青年人荷尔蒙的变化或早或迟，或者并不尽如人意。很多青春期的负面反应与时间有关系。班上一个胸部和臀部发育很

好的小女孩很引人注意，或者某个男孩比其他孩子高 25 厘米，比其他孩子重得多强壮得多，这些现象可能由于学生自身非理性的观念而伤害到自身，例如"肯定其他人从来没有发生过如此糟糕的事情，我比任何人都难看，这种情况真是太可怕、太糟糕了，我感到羞耻。"他们完全陷入了不必要的痛苦之中。

理解早期的爱恋是形成终身爱恋关系的第一步。在初始阶段，12～15岁，性冲动表现在思想上和来自异性的吸引力上——某个人看起来很不错、很有趣、很有魅力。学生应当知道这种感觉通常源自于我们自己的主观思想，这种感觉通常和他人没有多少关系——因为你并不真正了解这个人。我们将在工具 14 中进一步阐述这个问题。

（二）关于指导方法的建议

参与。给学生书籍希望他们通过阅读来了解性知识，或者让学生坐下来听无趣的报告，这是两种最无效的教育方法。有效的教育方法是参与、讨论、自我发现和教育他人。美国的教育者成功地运用了创设竞争小组的方法。

把班上的学生每 5 个分成一个小组。每个小组分别搜集信息，这些信息将帮助学生理解青春期、性和怎样最好地保护自己的尊严和他人的尊严。6周后，每个小组都将在全班做 40 分钟的报告，全班同学将评价各小组信息的质量。表现最好的两个小组将为低年级的学生作报告。当下个年级的学生也要做这个作业时，所有的报告资料将提供给他们：你们可以使用我们收集到的任何材料，加上你们自己找到的材料，每周的这个时候你们还可以向我们咨询。

随后几年的研究表明，学生总是希望改变提供给他们的材料以便能够留下他们自己的印记。注意：这种作业也涉及很多其他的技能，如组织、扮演、当众讲话、播放幻灯片或其他视听材料。

继续。一次性尝试没有不断练习的效果佳。持续性的练习可以通过在今后几年不断变换学习的重点来实现，比如第一年是细胞生物课，第二年侧重于宣传技术，第三年来关注鸟巢等等。

联系。与家长、社区领导等取得联系。

（三）教师的问题

有人认为，给学生提供关于性的知识将引起学生对性行为的兴趣。我们并不强调性的技巧，我们来看看哪些做法将激发学生的性兴趣：看到和听到暗示性的、色情的性活动，看到他们所崇拜的人向他们展示如何进行性行为。课堂上几乎不会传授这些事情，但是大量的电影、电视、录像、电子游戏和广告可能会为了某种目的而蓄意引起人们的性兴奋。课堂上的性知识学习没有暗示性的画面，如脱衣服，而电影和电子游戏则有这些画面；课堂上的性知识学习没有呻吟声和喘息声，而电影和电子游戏则有这些声音；课堂上的性知识学习不会用激发性冲动的材料进行诱惑和挑逗，而电视、电影和互联网则不然；课堂上的性知识学习强调终身的性成熟、个人责任感和相互尊重，而其他的媒介却忽略了这些因素。

商业行为强调毫无责任感的瞬间快乐，我们还有时间——也有理由——发起英勇的反攻。假如要发起一场运动，那么就要促使这些产业清理干净淫秽物品，停止为了利润而激发学生的性冲动。现在，在学生上了性教育课程后，如果让学生将他们所经历的最色情和最具挑逗性的性刺激进行排序的话，我们相信，挑逗和诱惑不是来自于课堂知识，而是来自于商业行为刺激。

早熟和晚熟是怎么回事？发育早和发育晚这两种情况都是存在的。一般来看，发育晚的学生在心理上受到伤害的情况并不突出。但如果孩子发育特别晚的话，就应该和家长谈谈，看孩子是否看过医生了。有时候找医生帮助青春期发育特别晚的孩子是可行的方法。另一方面，早熟的学生有时候容易自恃身高和体重上的优势而成为恃强凌弱的学生，老师和其他学生在一开始就必须作出迅速反应，果断制止这种行为。

6.3 个性和人际交往的技能（T13）

这个工具给我们指出考虑个性以及处理极端事件的方法，给出了创造和维护关系的一般技能。学生们各具特色，老师怎样理解学生的不同个性？

（一）人们个性不同，学会处理极端个案

作家、诗人、科学家都试图寻找描述不同个性的好方法，结果也就出现了很多的个性描述方法。我们采用的是下面这样一些比较简单的方法。

设想我们每个人有五种性格特征：（1）情绪稳定性；（2）外向性；（3）对新事物的开放性；（4）顺从性；（5）责任感。

设想每个人这五种性格特征的强弱不同，我们来详细考察这五种性格特征。

情绪稳定性。情绪稳定性高的人对挫折有良好的忍耐力，对危机和挑战考虑周全。（极端特征：他们的情感稳定性如此之高，以至于看起来他们极不敏感——他们是人类吗？）情感稳定性低的人往往容易焦虑、生气、沮丧，或者对一些在他人看来非常一般的事情作出极端的情绪反应。（极端特征：经常难过、生气、沮丧或者焦虑，他们需要更多的照顾、抚慰或者安抚。）

外向性。外向的人往往爱交际、活跃、好交谈、以他人为导向、在社会上大胆、喜欢恋爱。（极端特征：总希望成为被关注的中心、不能独处、内心不够成熟。）生性内向的人更保守、更害羞，但是并非特别不友好、不独立、不安静和不热情。（极端特征：社会活动能力弱、社会关系少、喜欢独处。）

对新事物的开放性。对新事物的开放性强的人追寻拥有多样的经历。他们好奇、有想象力、善于思考。（极端特征：总是渴望新的经历、不停息、不满足、乐于接受危险任务。）不喜欢新事物的人往往在品味上和观念上遵循传统，保守、观念刻板、故步自封，不容易接受非传统的观念，易产生情绪化反应。（极端特征：惧怕并避免新体验和冒险。）

顺从性。顺从性高的人心肠软、性格好、信任他人、利他主义、同情他人。（极端特征：失去自我，不会明确赞同任何事情或者进行很肯定的承诺。）不顺从的人往往愤世嫉俗、粗鲁无礼、怀疑、缺乏合作性、易怒。（极端特征：操纵性、无情、享受反对和批评的乐趣。）

责任感。具有高度责任感的人组织性强、有毅力、可依赖、工作努力、自我指导和有同情心，他们努力把事情做好。（极端特征：焦虑、专注于任务和他人的感受。）责任感水平低的人没有目标、不可依赖、懒惰、粗心、疏忽、寻求自己的快乐，他们不会因为没有做他们应该做的事情而感到烦恼。（极端特征：没有责任心，对自己给他人带来了伤害或者利用了他人无动于衷。）

我们思考的第一个问题是，我们的学生处于五种性格特征的什么水平？他们应该达到什么样的水平？下面是严肃的回答而并非开玩笑："靠近左极端和右极端之间的中间位置。"换言之，只要不是位于其中一个极端就很好。

极端心理可能导致问题。当你面临极端个性时，应当采取怎样的举措？

让我们看看下面这些情况。稳定性高的人很少引起麻烦，你可以帮助他们提高表达能力，这有助于他们未来的发展。但是情绪化的人在压力之下往往会崩溃，遵循工具4将使他们从中获益。这需要做一些工作，一旦他们学会自我谈话，将有效增加他们的稳定性。学生需要掌握自我控制的技能，控制情绪，而不是让老师来适应学生。

高外向性的人群可能有潜力成为领导者，但是有时候必须提醒他们问自己："其他人感受如何？"有时候他们会忘记不是每个人都快乐和外向，他们可能会产生操纵他人的倾向。而非常内向的人在社交场合往往会感到不舒服，不应该让这些人退却而成为隐士。他们可以运用前面讲到的工具学会社交和适应环境，很多职业都要求一定的社交技能。

乐于接受新鲜事物的学生时常犯规，因为他们往往专注于对新事物的体验而忘记或忽视了规则。及时的否定性结果对他们而言很合适。不愿意接受新事物的学生——我们通常说他们太害羞了——应该接受一点点提供给他们的、可控制的新体验。他们往往认为自己不能够改变，但恰恰相反，研究资料表明他们可以改变。随着他们获得成功的经历的不断增长，他们的开放性也会不断增长。

过分顺从的人需要在发现自己的感受方面得到帮助，尽管这种情况并不普遍。你可以用这样的模式来教导过分顺从的学生，例如"陈刚，试着对我说'对不起，老师，但是我真不喜欢这样'。"而可以用这样的方式教育极端不顺从的学生："你那种回答是社会价值观所反对的。如果考虑其他人的感受，应该怎样来回答？"

非常具有责任心的人很少引起麻烦，他们可能会在不经意间被老师吩咐做些需要做的事情，这样的学生将完成任务，并且对其他学生具有号召力。帮助这样的学生学会一点中庸、一点放松和愉快很重要。严重缺乏责任心的学生不容易被改变，他们很有可能会锒铛入狱。这样的学生每次违反规则时，老师必须给出公正而快速的处理，因为从处理结果中学习似乎是我们知道的改变这些学生的唯一有效的途径。

（二）和他人建立关系的技能

学生经常对社会关系感到不确定，他们会这样或那样询问你，他们怎样做才能够改进与他人的关系。有三种方法或者技能——积极倾听、进行恰当的肯定和阐明复杂的信息——对我们大家都有用处。你可以告诉你的学生这些方法或者技能。

积极倾听。与他人相处最重要的技能是积极倾听。一方面完全保留自己的态度，另一方面看看自己是否完全理解了他人的情感。听完以后，对你所听的作出反应，以便能够理解他人的确切意思。

我理解你的感受，从你的角度来讲，这件事情就应该……

你的意思是说我们应该……是吗？

你是说……

你觉得……我这样理解正确吗？

你说你觉得……

你的目的是让对方明白，你听到和理解了他的感情。这样做有几个好处：他人被倾听时很愉快；他说的话被仔细倾听；你花时间来理解他的处境；他受到了你的尊重——你认为他的观点和感受值得发掘和倾听。还有一点，一个感受到被关心和被倾听的人往往更容易与你达成一致意见。

注意，在积极倾听中不需要你赞同任何事情。你只是了解他人的状态，完全尊重他，尽管他的观点可能和你自己的观点很不相同。假如你继续表现出理解和尊重，你就创造了深入了解和分享的机会。

进行恰当的肯定。区分肯定和干涉很重要。

◇ "干涉"通常是为了个人利益而冒犯他人，是不良行为。

◇ "肯定"可以保证你不被忽视——或者不让你的尊严受到某种程度的削弱。

105

与人相处，我们一开始就应该意识到交流的目的不是为了控制对方，我们应该在包容对方不同意见的前提下去表达自己的主张，要尽量避免使用挑衅性的语言和举止，以免造成对方与自己的对抗局面；另一方面，因为自己的认识也有待提高，我们也应该对对方看上去似乎带有挑衅性的言行给予足够的耐心和思考。

阐明复杂的信息。怎样教会学生有效地表达自己的看法呢？比如对方干扰了你的隐私；大家排长队时有人加塞；有人老是打断你讲话；有人不停地做不着边际的评论。以上的情况你可以和蔼而严厉地这样表达你的意见：

> "我们已经耐心等待了很长时间了，在这个人办完事情后该轮到我了，你应该排在队伍的后头！"

> "我们买了音乐会票是为了欣赏音乐，倘若你们能不讲话，我们大家都能够更安静地听音乐会，都会有收获。"

> （对一群想开残疾人的玩笑的同学）"有些人可能觉得逗残疾人很开心，但我们没有去体会残疾人的感受，他们可能会感到自尊心受到很大伤害。恐怕我不能赞同这种做法。"

注意，在这些回答里面都包含有明显的难以反驳的具体描述和看法。讲话人谈到了自己受到侵犯的感受，但是并没有告诉对方必须怎样做或者直接指挥他照办。我们对话的目的是表达自己的某种主张以争取获得别人的认同，而不是引发冲突，更不是去伤害他人，大家不需要去责备或者控诉，而是要表明你的想法，你需要表述你的坚定而清晰的观点，因为你的信念越清晰，你的语调里就越不会带有焦虑或者威胁的成分，即使对方当时不能接受，你仍然会因为自己以清晰而尊重对方的方式阐述了自己的观点而无怨无悔。

用丰富的体语可以传递出更多的信息。比如言语、手势、面部表情、所站的位置、身体的姿势和运动、着装等等。

多变而富有情感的体语包含着太多语言本身难以直接表达的信息。学生可以了解下面这些例子：

你和一个高大的同学以及他的朋友一起跑步。不知怎么回事，大个子同学撞到了你，你跌倒了。当你站起来时，他说："对不起，真的，我非常抱歉。"然而你注意到他和他的朋友在咯咯发笑。他的言语在表达他的歉意，而他的笑声却好像在说："我一点也不觉得抱歉。我觉得撞倒你很好玩。"你也会感到很困惑，也会因为你没有得到尊重而生气，因为从他的身上你读到了两种信息，一种是言语，一种是面部表情。

有个大一的学生被问到，第一学期考试考得怎样。他说："不是太好。很糟糕……事实上非常糟糕。几乎所有的科目都不及格，这太可怕了。我不知道怎样告诉我爸妈。"然后他咧嘴而笑。这也让人觉得很困惑，别人可能会认为他根本不想上大学，是他父母一定要他上大学的。现在他终于可以告诉他父亲："你的梦想结束了，我最终胜利了。"

（三）关于交朋友的问题

很多学生非常看重交朋友。我认为对于大多数学生来说交朋友当然重要，但要顺其自然。但是有些学生在交朋友的过程中，对自己为朋友付出而没有得到回报难以接受。我们应该帮助这些学生理解交朋友包括哪些方法和步骤，或许他们可以从中选择到他们认为最有效的方法。

"我不认为人世间有真正的友谊。在与同学交往中我每次都做了很大的努力，但结果总是事与愿违。我做错了什么事情吗？"学生之所以这样讲，说明他们由于在交友过程中没有把握好交友的原则和方法而感到自己受到了伤害。老师应该和蔼地对待他们，帮助他们发现自己交友的不足，告诉他们其实友谊是多层次的，我们可以将朋友分成不同类型。

健康的友谊。在真正的友好交往中，朋友应该相互给予积极的东西，像信任、诚实、幽默、注意、关注、社会肯定、陪伴和帮助等等。

互惠的友谊。例如在美国大多数学校里，最有社会知名度的是运动员和俱乐部的头儿，但他们对电脑知识很缺乏；喜欢安静的同学对体育不感兴趣，很少加入俱乐部，但他们学习电脑兴趣很浓，通常是尖子学生和电脑高手。这两组学生常常互通有无，建立友谊，相互影响，互相帮助。

复合性友谊。在班级里面往往会有一个身体非常强壮的同学处于"霸主"或者"打富济贫"的大侠地位，其他较弱的同学在忍受他的一些霸道行为的同时可能得到他的一些保护。我们称之为复合性友谊，因为这样的友谊混合着控制或者援救。

一相情愿的友谊。缺少朋友孤独的陈小虎很想和人缘很好的秦小豪交朋友，但他又不知道怎么向小豪表达，于是他总找机会站在秦小豪的附近，但还是不敢上前表达，终于有一天，他在路上挡着秦小豪说："你愿意和我交朋友吗？"对他突如其来的举动，秦小豪急忙说："不！请你快让开。"

上述四个事例传递出下列信息：

要交到好朋友，同学们需要学会交友的方法和技巧。

同学们应该注意：

（1）祛除自己消极的想法，比如"朋友都交不到，我肯定是一个无用的人！"

（2）明白交友的成功与否与下列因素有关：

◇你自己的志趣和目标；

◇干净整洁的外表；

◇幽默感；

◇同情心和换位思考能力；

◇乐于帮助别人的性格；

◇善于把握交友过程中的分寸和尺度。

（3）让自己处于放松状态，保持平和的心态。

交友过程中过于紧张会让你成为不受欢迎的人。相反，如果同学们放松和保持一种平和的心态，未曾想到的同学都会与你交上朋友。

（四）帮助学生克服心理危机

首先，我们应该知道有些危机干预是需要警察和心理医生来做的。但是关于危机干预我们应该了解以下的内容：

心理危机类似身体伤害。心理危机可以改变人的外貌，降低人的工作或者思考能力。危机干预是需要花一定时间和精力的。心理创伤者的康复期可能是几周、几个月甚至几年，这取决于当事人经历了怎样的心理危机。对同学们的心理危机干预，老师应该注意以下几点：

当危机发生以后，如果非专业人员不能正确诊断问题所在而实行干预，会使事情更糟。当我们不能对学生经历的危机原因作出正确的判断时，我们应当寻求专业的帮助，以防止延误正确的干预治疗。

T14 认识早恋：减少早恋的负面影响，
帮助学生学会与异性交往。

心理创伤者需要更多的关注和保护，心理创伤者往往已经陷入不能自拔的泥潭。

单纯地鼓励心理危机者去表现勇敢或者回避痛苦不是危机干预很有效的办法。心理专业人士会鼓励他们暴露或者回顾最尖锐的疼痛来获得治疗和适应，研究发现这样的方法会更有效。

心理创伤者暴露自己的创伤的过程，最初的反应是很强烈的，但是随着时间的推移和暴露频率的增加，其反应强度会越来越低。另外心理创伤者的不良情绪出现反复也是很正常的。

面对突发的创伤事件，当事者一开始难以接受，但随着时间的推移，情绪会由否定、沮丧、痛苦和生气，最终转变到逐渐接受。

6.4 认识早恋（T14）

我们的目标是帮助学生理解与异性交往逐步演进的过程，帮助他们明白早恋的吸引力是他们一生中与异性交往的开始，明白恋爱不是从天而降或者是会戛然而止的一个事件。假如学生能够更好地理解这点，他们就能够做到更从容地接受和欣赏异性，与之发展成为平等的互相尊重的关系。我们可以采取讲我们过去的经验甚至是古老的神话的方式使同学们明白这一点。

下面我们一起来总结人生中与异性交往关系变化的过程。

儿时的玩伴。儿时的玩伴是与异性交往的开始，孩子们在游戏中已经意识到性别的差异，虽然没有更多的爱的情感成分。

新奇、早恋。当青春期来临，同学们对异性有了新的感觉，产生了与异性交往的浓厚兴趣和巨大的吸引力。每个人都有自己最初寻找异性朋友的故事，但他们几乎都有同样的初衷，即"那个人如此与众不同，太想和他（她）一起待着了。我愿意成为他（她）最好的朋友。要是我能和他（她）随时见面说说话就好了"。他们完全沉浸在迷恋中。青涩之爱使他们开始相信他们的爱是不会改变的。他们心里想着："其他任何人都没有自己如此美妙的感受，只有我们才拥有最伟大的爱。"他们一点一点地学会了克服巨大的羞涩，让对方知道自己的感受，以便获得对方更多的好感。有时候，自己喜欢的异性有了新的欣赏对象，开始冷落自己，被伤害的一方会伤痛欲绝，陷入绝望。

更现实、正式恋爱。学生时代结束后进入青年时代的恋爱关系会保持更长时间，态度更现实，更像是固定的伙伴关系，恋爱双方开始共同具体规划未来。这时候相爱的人可能会思考："你的一生想干什么？""你持有怎样的价值观？""我们未来的生活是什么样子？"他们相互分享，相互给予丰富的情感。有时候他们也互相激烈争吵，但火热的情感总能让他们快速地握手言和。当认识到他们的关系必须解除时，他们会感到沮丧，并陷入深深的思念中。

成熟，步入婚姻殿堂。无论是两小无猜还是一见钟情，相爱的一对新人经过恋爱有了相伴终身的愿望，结婚成了实现这一愿望的途径。在相恋的过程中，他们开始认识到对方不是完美的人，但他们此刻已经相信平凡人和平凡人结婚后生活也可以是绚丽的，十分渴望组成美好的家庭。这个年龄的恋人已经足够成熟，能够去适应对方由于各自过去生活经验不同而带来的差异，美好的爱情终于开出了灿烂的花朵并即将果实累累。他们对未来的生活虽然没有完全的把握，但他们有理由相信在婚礼以后将面临很多实际困难，并知道还有很多事情需要共同去完成。他们在憧憬未来的同时也准备着迎接小宝贝的到来。

夫妻生活。婚姻生活中有许多事情超出了他们的预期。每日刻板的生活冷却着他们的热情，经济上的紧张，抚育孩子的困倦，占据了他们所有的业余时间和精力。特别是抚养孩子的过程并不总是富有乐趣，还伴随着担忧以及自己精力和经济上的巨大消耗。他们能够很容易地感觉到生活的浪漫与快乐已经让位于枯燥的日常生活。这时候，他很容易注意到工作中活跃并有吸引力的小秘书十分迷人，她比抚育孩子的妻子要机敏得多。她也很容易注意到，年轻英俊的医生似乎比她忙碌的丈夫更关心她和体贴她。但是他们仍然有足够的智慧去抗拒生活中的这种诱惑，担当起抚养孩子成长的责任和面对工作中的各种变化。

抚养孩子。孩子的成长比年轻夫妇想象的要快，一转眼孩子开始"拉帮结派、占山为王"了，男孩子开始相互打斗，接着是男孩子倾慕女孩子，女孩子开始注意打扮，羞涩地承认她喜欢的男孩子是她班上最优秀的男生。儿女大了，他们要结婚了，离开家了，家也就变得空了起来。

　　孩子离家后的空巢。大约在孩子离开家后的 20 年里，夫妻虽然仍在工作，但也在为自己退休做准备，可能内心还充满着迎接孙子出世的喜悦。

　　人约黄昏后。60 岁后，夫妻的身体日渐衰弱，感情在多年的相处中已变得更为亲切，夫妻此时已经拥有共同克服困难的历史、相互支持的历史、解决矛盾的历史、养育孩子的历史和照看孙子的历史。爱已经变为习惯，共同经历各个阶段后，携手相伴，从情感和希望到成熟一路走来——这是爱的承诺和忠诚的结果。他们兑现了早年由于相互的吸引而许下的承诺，他们通过相互的关照完成了从早年充满激情的绚丽到后来相濡以沫的平静转变，他们俩已经合二为一了。

　　我们需要教授给学生的关键内容是，早恋只是终身婚姻幸福的"序曲"——学生们可以尝试和不同的异性接触，发现异性的不同个性类型，了解到自己和哪种类型的异性相处愉快，而对其他人感觉不舒服。学生需要得到与异性交往的技巧性指导：

　　我怎样知道他（她）适不适合我？答案是："问你自己的内心。"假如你听从内心的声音，内心的感觉是不会让你失望的。如果在与异性交往中你常有以下的感觉，你就有理由怀疑自己相处的异性是否适合自己。

　　◇争输赢；

　　◇竞争；

　　◇不顾一切迷恋她（他）；

　　◇我还没有准备好——事情进展太快了；

　　◇这仅仅是一种义务——无可奈何；

　　◇不断怀疑——她（他）在做什么，和谁在一起？

　　◇感觉仿佛自己是个征服者或者胜利者；

　　◇这事情没有快乐或者愉悦，只有义务感或者焦虑感；

　　◇这是其他人的安排，而不是我的选择；

　　◇我有点害怕这人——我不是真的很喜欢他；

　　◇我仅是一位保护者。

　　下面两个例子说明事情不对劲儿。

一个男孩子说："当我看见她时，我心跳得如此快。她是最优秀的学生，她的朋友们在班上很说得起话。我真想得到她的'姐妹'们的赏识。我希望我能够得到她的欢心——我很讨厌她和其他男生说话。"这个男孩把获得某个女孩的感情作为得到小圈子成员认同的门票。

一个女孩说："我交男朋友是因为我认为他需要我。不是我追求他——他很一般，但他有些可怜。我们在一起的时候时间过得缓慢，没有激动人心的时刻或者依依不舍的时光。但我伤害他说我对他不是很感兴趣，而只是因为他很爱我。"这个女孩扮演了"小母亲"的角色。老师应当和蔼地建议她结束这种关系，因为这样会助长男孩子的依赖性，而使这个女孩没有机会体验到相互倾慕的伴侣关系。

怎样帮助学生解决这些问题？教会学生在与异性交往中保持温和、平静和真诚的态度是解决问题的法宝。学生可以坦诚地说：

"你对我们的友谊关系感觉怎样？"

"我一直在想你对我俩的关系感觉怎样。我有时候觉得有点紧张。"

"亚东，你是个很好的朋友。我想说的是我只想成为你的朋友，做你的女友我会感觉不舒服。"

告诉同学们以温和的诚实的方式描述你的感受，没有必要感到焦虑和担忧。即便你得到敌意的回复，你也没有必要感到受伤，因为你坦诚地说出了你的感受。你完全有权利做你自己，你完全有权利感受你自己。

T15　抵制诱惑：帮助学生避免物质享乐的诱惑，获得真正的幸福。

6.5　应对物质诱惑（T15）

我们的目标，一是使学生理解价值观、态度和行为各自的作用。二是认识什么是获得幸福的基础。三是帮助学生利用有限的物质资源改善自己的生活，认识商业利润的获得机制，避免商业陷阱。

（一）经济体制的利弊

自由市场体制、企业、竞争、资本主义、全球经济，这些名词基本上是当代西方经济学耳熟能详的词汇。对公司而言，"只要你遵守法律，你可尽其所能地赚钱。"人们的生产活动——包括生产丰富的食品、发明新技术、改善运输条件和建造房屋——都不排除从中获利的动机。

不同于迄今为止的其他所有体制，市场经济体制的力量在于，它激发了人们的原动力、潜能、发明欲望、创新和创造的能力。我们今天可以十分便捷地利用互联网向世界各地发送邮件，但在 15 年前的人们对此还认为是天方夜谭。企业竞争提高了生产力，激发了人们的创造力，提高了人们的生活水平。

姑且承认企业竞争机制在目前是整个世界经济最有活力的制度，但是这种体制也不可避免地给社会的传统和道德底线带来冲击和挑战。市场经济的负面影响是怎样造成的？这些负面影响的后果是什么？我们又该怎样应对？的确，市场经济的竞争给家庭和社会带来的压力是巨大的，夫妻必须长时间工作，有的时候还必须做兼职工作，有的夫妻双方的工作流动性很大，家庭稳定性受到很大的威胁。广告和娱乐业为了经济利润表现出低水平的社会道德水准对孩子的不良影响也是巨大的。

例如在美国，每年 15～17 岁未婚少女孩子的出生率是每万人 373 人。研究表明这些孩子成为坏学生、少年犯的可能性比出生在父母双全的家庭中的孩子高出许多。每年 10～17 岁青少年因暴力犯罪被捕的比例是每万人 46 人。美国儿童防卫基金报道，美国每天有 13 名儿童死于枪杀，尤其是手枪。许多孩子在与毒品有关的纠纷中被枪击。烟草行业及其广告对孩子的影响也是巨大的，美国很多州的公民都起诉其所在州的烟草企业，要求他们补偿因吸烟而患癌症的人的高额治疗费用。

为什么在西方国家广告和娱乐如此有力地影响着年轻人？答案是由于家庭抵抗力量的衰退和社区力量的微弱。当父母双方由于工资过低而长时间工作时，孩子花大量的时间看电视，就被动地接受了许多不良广告的影响。电影、电视、音乐、电子游戏和广告等成为孩子思想的主要影响源。让学生成为商家最新流行时尚的忠实消费对象，这是商家非常"绝妙"的主意。在这种情况下，很多孩子长大后就会像娱乐节目和广告中引导的那样，违纪、暴力、性犯罪和成为崇尚物质享乐主义的人。

"孩子被商业文化肆意地误导，备受伤害。"美国教育家们批评道。他们的意思是，电视展示了"拥有物质就拥有一切"的人生哲学。电视成了一个展示暴力、性行为、钱财的窗口。电视也宣传疯狂的摇滚音乐会，宣传花花公子们对着麦克风大喊要自由、爱情和没有责任的自由的世界。广告也反反复复地重复着这类信息——性感的美丽最精彩，风格和时尚最重要。电子游戏中的冲动和暴力行为成为有效的刺激源。总之，呈现给孩子们的世界将把孩子引向崇尚物质主义和享乐主义，比如过早的性行为、经常性的冲动和暴力行为。然而孩子们生活的现实世界是要面对激烈的工作竞争，冲动行为造成的严重负面后果往往是导致成年后的失业和失去自由。孩子们被误导进入的世界和他们将要面对的世界大相径庭。

商业文化带给中国孩子的负面影响虽然不像美国那样严重，但不良的发展趋势和速度的确值得我们警惕。怎样保护学生免受商业文化的危害？我们认为中国的传统家庭价值观和家庭完整性观念应该得到保护和发扬。要做到这点，老师有责任帮助学生认识广告商和娱乐业的赢利机制，识破他们的目的和方法。

（二）基本事实：金钱和财富不一定能带来幸福

每个家庭都有安全的自来水，或者能够给孩子得体的服装，或者患者有有效的药物来抑制痛苦，这是生存之必需。但是当人们面对过于丰富的物质财富时，在获得物质享乐的同时可能会在精神上产生巨大困惑，这就是为什么许多发达国家的幸福指数很低的原因。

斯金斯恩提米哈依（Csikszentmihalyi）教授提出，物质财富和快乐之间的关系是不确定的。有些研究表明，过多的财富往往导致较少的快乐。

由于下列三个原因，物质奖赏并不总是能够让人快乐：

（1）我们第一次的金钱目标得到满足后，我们制定第二次更高的目标，然后是第三次等等。你总是在追求更多的财富，永无满足。

（2）我们需要超过周围更富有的人——我们总能够找到比自己更富有的人，这样的比较使我们总不能得到满足。

（3）对物质财富的追逐消耗了我们追求生活中其他美好事物的精力——例如温暖的家庭团聚、亲戚朋友的交流等等，因此难以获得亲情。而幸福中很重要的元素就包括了亲人之间的慰藉。

斯金斯恩提米哈依教授认为人们对物质财富带来的快感的依赖与吸毒成瘾相似：每次的快感都需要更高一级的物质刺激支持，而每次的快感持续的时间越来越短。

（三）获得快乐的可靠途径是什么

假如物质财富不能够带给我们持续的快乐，那么什么能够帮助我们真正快乐呢？斯金斯恩提米哈依教授研究发现，很大部分的快乐源于自我兴趣所引发的对自我挑战的体验。例如沉醉于学习音乐、体育训练、编织外套或做其他自己感兴趣的事情，求解出一道难题，在比赛中获胜等等。这些活动的最终结果并不重要，重要的是在进行这些活动的过程中的专注精神和受到的挑战使得自己获得战胜自我的体验，在以后很长的日子里，每当遇到困难的时候，回忆那不平凡的体验，内心依然会荡漾出坚毅、活力和创造力，成为你自由、自信、自强不息的精神源泉。斯金斯恩提米哈依教授说，人们感到快乐并不是来自于他们做了什么，而是来自于他们在做的过程中的深度专注、全力投入和完全沉醉。

显然，通过消费和追逐物质来获得快乐和满足是短暂和冒险的，而学会将自己投入到需要高度专注和具有高度挑战性的任务中——这才是创造快乐更可靠的方法。

有时候学生明显表现出不正确的价值观，例如认为拥有最新最时尚东西的同学是最幸福的人，而没有这些东西的人就很可怜，他们有理由怨天尤

115

人。对这样的学生老师可以直接指出："认为某人买了时尚的东西就成了有品位的人，这种想法实在不妥。因为不管是现在还是将来总会有比你更富有的人，当然也有比你贫穷的人。总有些东西是你喜欢但却买不起的。的确，拥有大量的财富能够让你生活更容易，但是财富并不一定能够带给你幸福，相反，有时候财富会让你获得幸福更加困难。你买你需要的东西，专注你自己的学习和事业，那么快乐就会来到你身边。"

在过去的三百多年中，英国的富有家庭将他们的孩子送到以吃苦著名的寄宿学校住读，而不是让其住在舒适的家中。在这些寄宿学校中，孩子们要经受艰难困苦的磨炼和不断升级的体力和脑力的挑战。

老师可以建议学校采取措施消除家庭收入差异造成的孩子之间相互攀比的影响——校服就是一种有效措施。但是学校的要求还不能仅限于此：

"让我感到尴尬的是我的家庭经济水平比这个社区的平均家庭经济水平要低得多。我没有其他同学体面的衣服和名牌鞋子，同学们也耻笑我。没有合适的跑鞋参加相应的运动项目让我非常苦恼。"

的确，对学生来说这是个非常具体的困难。假如你对这个学生说不用穿跑鞋去参加比赛，对这个孩子来说确实不公平。教师可能无法为孩子们购买他们所需要的运动鞋，但是可以从下面几个方面去考虑帮助这些孩子在参加运动项目时不应该承受没有运动鞋带来的心理压力：学校有没有合适的公用跑鞋？能否让孩子的父母帮孩子买到二手跑鞋？有没有可能组织两三个学生轮流使用同一双跑鞋或者借用他人的跑鞋？

物质上的富有仅仅是一个方面。有的人可能暂时没有拥有巨大的财富或者大量的金钱，但他们却在自律、责任感、情感、友谊、努力、勇气、毅力、诚实、忠诚、细心和公正等方面具有突出的优势。老师如果能弘扬上述美德和引导学生鄙视炫耀金钱和追求名牌，不仅有助于减少学生中的物质攀比，而且有益于孩子们对人生价值的追求。

（四）学生是商家的目标，引导学生学会自我防护

大多数涉世不深的学生不了解商家是如何精心制定销售策略的。商家总的原则就是吸引学生成为其商品的忠实的购买者和使用者。这种策略经过精心策划，商家为了赚取高额利润，制订出最精明最昂贵的营销方案。为了帮

助学生了解商家的企图，教师可以让学生进行角色扮演，例如：

　　某摩天大楼的顶层正在举行战略会议。董事长问："怎样打开中国青少年的服装市场？我需要各位做出市场发展和机遇的报告。"当时参加会议的心理学家每日的报酬是1万元，某个专家说：

　　"董事长，我有办法。首先，我们要让中国的青少年有品牌意识，用各种手段让孩子迷恋我们的时尚鞋类和服装，我们可以借用色情、性感的内容通过电子游戏和移动电话等一切可以利用的宣传手段进行宣传。

　　"同样令人惊讶的是，中国的家长似乎也接受这一切。假如他们认为这是西方的，他们似乎就接纳。你会在大城市的闹市区发现越来越多的穿着暴露的女孩。

　　"中国的青年人是非常聪明的，他们有相当的鉴别能力。但是他们也有弱点，他们喜欢趋同，害怕被同伴排斥，我们最有效的一种策略就是满足他们的需要，使其获得来自同伴的认同和赞美。他们害怕落伍，为此我们要增加他们对被社会遗弃的恐惧，然后向他们指出他们有被社会接纳的途径，就是买我们的产品。我们通过这样的方法，可以让中国几百万的女学生穿束身内衣，使她们觉得自己身材苗条。无疑，我们的销售业绩会急速攀升。"

广告业、电影、电视、广播和音乐产业都在利用以上的营销手段。在电影业中，公司通过卖票和电影中使用商品的广告来获得利润。电视从出售广告时间中赚钱，广告时间价值的多少取决于有多少观众观看。电影和电视都希望拥有大量的观众以便赚取更多的广告费用。商业宣传是丰富的，在有些国家，商家控制着音乐会门票，他们通常依靠震耳欲聋的乐队、刺眼的灯光、铺天盖地的尖叫声来掩盖背后充斥着的暴力、性行为或者吸毒等堕落内容。

有个叫 WXLI 的公司号称"在全世界成年人娱乐产业中销售额达 560 亿美元"。它们分两步进行营销：

首先，WXLI 公司新的战略是制造色情产品生产线。该公司建立网上销售商贸网，开展三项活动：

117

（1）网站的特权；

（2）在线销售 12000 种性商品；

（3）位于布拉格的在线异性聊天工作室。

第二，地域性扩张——随着产品销售的扩大，加速开发生产线。欧洲销售代理总部建立后，目前亚洲成为其市场目标。亚洲人口超过 35 亿（几乎占世界总人口的 60％），因此打开亚洲市场是该公司下一步的战略目标。

成年人娱乐品也可以说是色情产品的代名词。这个公司打算通过在互联网上进行大规模的色情用品销售来赚取利润，而且特别瞄准了亚洲的年轻人市场。没有道德底线的公司对给孩子和家庭带来的消极影响和冲击漠不关心，更谈不上对社区或者家庭氛围的积极建设感兴趣了。他们认为，只要能够给自己带来足够的利润也就心满意足了。

这些公司企图创造享乐第一和物质主义第一的文化，最后形成这样的状况——很多的年轻人疯狂地使用信用卡，寅吃卯粮。

（五）教会学生抵制商业文化的侵蚀

步骤 1　了解商家的销售技巧和把戏

我们当然不是想过贫穷的日子，但我们有责任教会学生不要在众多的物质选择中困惑和在追求物质财富和享乐中玩物丧志。

我们的策略必须是帮助学生避免商业陷阱，下面是教给学生的步骤：

（1）明了商家的目标；

（2）熟悉他们的把戏；

（3）记住自己的目标、计划和努力的方向。

我们已经谈论过商家的目标——销售和利润，也谈论过商家为销售产品而进行的深入研究和计划制订。并非所有的商家都不顾忌社会道德，相反，有的企业在丰富了人类物质文明的同时，也在建设社会的精神文明，这样的企业值得赞赏。例如这样的企业：

重视产品质量——食品厂的口号：我们的产品配方最佳，运用我们独特的工艺精心制成。

倡导积极的价值观——飞机生产商的口号：促进家庭团圆，增进世间互动。

热心公益事业和公共形象——石油公司的口号：为合法公民服务，乐意构建野生动物自然保护区。

但是有的企业却利用人性中的弱点，不顾社会道德推销其产品，例如：

人们的趋同性。（用名人做香烟和酒类的广告。）

人们追求时尚的心理。（青年妇女购买我们的胸部增大器，不仅使身材苗条，更代表着成功。）

人性中的贪婪——拥有它你将比其他人获得更多更美妙的感受。（你是精英，它值得你拥有，它显然比你朋友们拥有的东西更好。这个东西向你的朋友们表明，你是个值得结识的有品位的人。）

梦想强大——拥有更加自由的感觉或者打破规则的能力。（电视经常播放孩子们钦佩的人物或者卡通人物打破规则，它们在宣扬："规则——意味着应该被打破——我可以超越在规则之上——飞速行驶，力量无穷——好车！"）

追求刺激——不断追求性兴奋或者刺激的感觉。（青年人对性好奇，喜欢享受性兴奋。电影公司利用这一点放映很多展示性爱或直接性行为的电影。）

不良广告和商业文化给青少年带来的最大危害是：
◇追求享乐的人生价值观；
◇金钱第一；
◇规则不重要，自我中心；
◇早熟，过度性享乐，暴力。

步骤2 防范——设计自己的理财计划

有效设计自己的理财计划，首先应该考虑下列因素：
◇你的金钱和时间都有限；
◇机会成本——你选择了一种东西就意味着不能够选择另外一种东西；
◇财富改变着我们——有些财富可以使我们的生活变得方便，但也能让

119

我们成为金钱的奴隶——金钱控制了我们；

◇实现你自己的生活价值和达到你自己的人生目标；

◇购买自己需要和对自己未来有积极意义的产品。

美国学生经常被物质享受所困惑，下面就是一个例子。

弗雷德是个快乐的青年人，很受大家欢迎，但是他的学习却不佳，因为他看电视的时间太多，学习成绩很差，他因此而沮丧。弗雷德非理性地认为："如果我有一辆车就能使我成为同学心目中的英雄。我将因此而受到尊重，并一定会感觉良好。我将把所有只有自行车的所谓的成绩优秀的男孩子们比下去。女孩子们将追捧我，我是个伟大的人物。"于是弗雷德找了份晚上打工的工作，攒钱买了辆旧车。弗雷德成了他班上的明星人物。女孩子们喜欢搭他的车并刺激得尖叫，骑自行车的男孩子不得不看着弗雷德的车呼啸而过，但弗雷德的学业变得更糟糕。他向一个朋友吐露秘密，买那辆车的款还没有完全付清，因此他得打工还债，而且养车还需要昂贵的修理费和汽油费。弗雷德难以完成学校学业，第二年学校开学后就看不到弗雷德的身影了。"弗雷德去哪儿啦？"有人问。可怜的弗雷德哪儿都没有去。长期以来他为了养那辆车而拼命地工作。当他最终明白这辆车对他是个巨大的负担后，他卖了它——但是太晚了，它花光了他的钱，占用了他高中的学习光阴，将他抛出了主流的就业渠道。

下面是个有自我理财意识的同学的例子。

吉尔是个好学生。她有音乐天赋，希望进入大学学习音乐。她每天练习几个小时的长笛，寻求老师的额外指导。吉尔不再是初学者，除了她的演奏技艺还需要磨炼之外，她还急切需要一把质量更好的长笛，因为目前的长笛妨碍了她的进步，妨碍了她在技巧、速度和精确性上的进步。她多么渴望一支更好的长笛！一天她有了主意。她想通过为一家商店工作来赚钱购买新长笛。她和父母谈论这事，父母很支持。他们一起制订了吉尔的购买长笛计划。父母付一部分钱加上她打工的钱，最后购买了新长笛。吉尔从音乐学院毕业后，她母亲的同事提到："你听说了吗？卡拉扬先生的乐团首席长笛手过世了，需要一名新的长笛手，你的孩子可以去面试啊！"吉尔抓住了机会，成了世界一流乐团的乐手。

　　下面是六个学生关于自己花费和理财的讨论。老师可以引导学生开展类似的讨论，启发学生回答这样的问题，例如"这些同学的理财计划有哪些好的方面？他们在哪些方面做得不好或者遗漏了什么？应该补充什么？"

　　（1）我喜欢流行音乐。现在我大多数的钱都花在了买流行音乐碟片上。也许，当我从学校毕业时，我将买辆摩托车去上班，我过去不是很清楚这点。另外，我还喜欢时尚的鞋子。

　　（2）我正重复着我父母过的老一套生活。对于他们而言就是"房子、房子、房子"，我们拥有的一切都在房子里。的确，我们的房子不错，在父母的朋友们中间是最好的房子，但是他们因此而没有钱来满足其他的消费——没有旅行，没有新车，没有新衣服，甚至当我需要买些书的时候，他们也会抱怨缺钱。哎！

　　（3）我骑普通的自行车，很少买音乐碟片，也不爱购买时尚衣服。这是因为我把时间花在了电脑上。花在电脑上的时间有助于我学习许多新的东西，更高的分数意味着今后更高的收入。从长远考虑，工作后我要买一套公寓——它们的价值总是在不断上涨。我朋友的家里有架钢琴。我有了孩子后，我想购买房子和钢琴。

　　（4）我目前是个学生，作为学生我必须表现良好。我将金钱花费在有助于我今后职业发展的事情上。我喜欢学习英语，我买的外语类碟片相当丰富。我没有把金钱花费在流行的东西上——那简直就是浪费。目前我在为出国留学进行储蓄，学费是我出国留学希望之门的钥匙。

　　（5）学生时代应该尽量少买东西，消费是傻事。我尽量用最少的钱过日子，将每分钱都存起来，我的银行存款成倍增长。等我工作了，我想尽快购买大公司的股票，它们的价值不断上涨。这样我将赚到很多的钱来购买公寓、公司股份等等。现在应该推迟享乐以保证将来的快乐。

（6）你们怎么都那样想！生活就是美、审美、文化和历史。我们可以欣赏的东西无处不在。优美的音乐、高尚的绘画和其他艺术品传递着人类的成就，这让我们听到和看到先辈们的智慧。我生活的目的就是听音乐会、欣赏音乐唱片、参观博物馆和历史文化古迹。我的家不是很宽敞，但却是宁静而美丽的地方。

这六个同学的财富观和理财观有什么不同？意味着什么？

假如你让学生积极参与讨论，支持学生修改理财计划，那么就将有助于学生制订出他们自己的人生职业计划。高中学生应该思考他们的职业目标和人生价值，高中学生也应该学会制订关于金钱财富的计划。

有些人将电视看做福音，而另外一些人将电视视为灾祸。现在的情况又怎样？对电子游戏又当如何看待？

电视节目中有许多是有价值的教育节目，比如优秀的电视节目有助于人们更好地了解国家和世界。但是在美国的商业电视和电影一样，充斥着不敬、暴力和性画面。它们的不同之处在于看电视不需要出家门，学生们不必离开家、不用花钱就可以看到。过多观看电视会对孩子造成下列不良影响：

变得消极和缺乏主动性。有的时候看电视就是无事可做，除了让节目在眼前流过，什么也没有看进去。另外电视画面转换越来越快，1秒钟就可以从一个画面切换到另一个画面，使眼睛无法得到休息。

减少了户外活动的时间。大量看电视意味着年轻人缺乏活力，身体不够健康，而且也使他们缺乏时间培养爱好、交朋友和体验其他有益的经历。

沉浸在虚幻的世界里面。许多电视连续剧都展示的是不真实的世界——通常展现的是大量的财富、特权和颓废，这对于学生而言是有害的。

过多的性和暴力。据估计，在美国达到平均看电视时间的孩子，在离开家庭之前在电视上看到了至少5000次谋杀。枪击、攻击、性冲动的画面相当频繁。这样频繁地播放罪恶行径或不良行为蒙蔽了孩子的良知，因为孩子们会错误地认为做坏事就是如此平常。

树立不良的榜样。电视经常播反面人物形象，他们的行为和态度就像吸烟喝酒一样于生活无益，如教会女孩子过于随便，靠违背原则获胜等等。

对电视的依赖。最近的研究证明，大量观看电视节目的人表现出的反应类似其他成瘾者。库比教授和斯金斯恩提米哈依教授指出，在看电视或者打游戏的时候，观看者感觉到刺激和兴奋，但离开电视，马上就感到抑郁。

长期看电视会产生上述问题，同学们学会有节制地观看高尚的电视节目是明智的。

哥伦比亚大学的杰弗瑞·约翰逊（Jeffrey Johnson）教授最近发表了对看电视造成的影响的最新研究成果。人们曾经认为，过多地观看有暴力行为的电视与成年后的经常性暴力行为有密切的关系。约翰逊教授调查和研究了这个问题："看电视与孩子长大以后的攻击性行为有联系吗?"他历经17年对700多个家庭进行了跟踪研究，他的研究结论很有说服力。研究结果发现：

14岁孩子每天观看电视的时间	16～22岁时发生攻击性行为的比例
不足1小时	5.7％
1～3小时	22.5％
超过3小时	28.8％

如果把男孩子和女孩子分组，数据表明男孩子更容易受到电视的影响：

14岁孩子每天观看电视的时间	16～22岁时发生进攻性行为的比例	
	女孩组	男孩组
不足1小时	2.3％	8.9％
1～3小时	11.8％	32.5％
3小时以上	12.7％	45.2％

数据表明男青少年最容易受到电视的影响，每天看电视超过1小时所产生的消极影响是巨大的，美国电视中很多糟糕的行为都在现实生活中重复着。不幸的是，有些中国的电视节目正在效仿着美国的模式。

电子游戏和电脑游戏为其商业投资者带来了巨大收益。有些电子游戏具有良好的教育意义，但是有更多的游戏宣扬反社会的行为，比如杀人、强奸、疯狂飙车和欺骗。有些游戏甚至奖赏暴力行为。这样的游戏情节泯灭同情心和对他人的关爱，宣扬无情的杀戮。几年以前，美国总统克林顿就谴责过美国电子出版商生产的过于暴力的游戏。

　　不良的游戏宣扬暴力和掠夺性行为，将孩子训练成为不考虑他人感受的人。经过测试发现，少年犯管教所的孩子的同情心水平普遍偏低；同样，在监狱中也充满了缺乏同情心的成年人。

第 7 章　选择适合自己的职业

我们的目标非常清楚：让学生拥有适合他们兴趣、能够拓展他们能力和带给他们成就感的职业技能。工具 16 能完成这一目标，因为它为学生开启了种种可能之门，赋予学生各种技能，使之顺利完成从"丑小鸭"到白天鹅的蜕变。

7.1　面临机遇，中国志存高远

中国自从加入 WTO 后，致力于同世界上科技最发达的国家竞争，在经济和文化上成为全球的中坚力量。同时中国投入大量资金进行大规模建设，这些建设不仅大大促进经济发展，还会增大国内和国际市场对商品和服务的需求。随之，各个行业的人才竞争将会更加残酷，职业经理人等新型人才将更受欢迎。

在这个由投资推动，充满竞争的体系里，劳动力成了跟大白菜一样的商品。如果很多工人出卖同一种普通技能，老板就不需要支付等值的薪金。但如果他们是行业高手和顶尖人才，老板就不得不用高薪来吸引并留住他们。

什么领域的职业会最受青睐呢？无疑，科技领域——信息处理、计算机及相关设备、生物技术这样的产业，也就是说，医学、基因应用疗法、电子学、飞船和太空技术将是工业扩张的首选。中国在西部的投资不如东部，但西部也正在发展。这些扩张需要大量的支持行业，包括从修公路、铁路到为海运货物提供纸板，再到改善交通配套设施等所有一切。

T16　成功步入社会：帮助学生学会选择适合自己的职业和工作，充分发挥自身潜能。

旅游业将继续扩展。中国拥有人类历史上独一无二的丝绸之路，沿途尽是珍贵的历史遗迹，越来越多的人想亲眼目睹。当然，我们还拥有无数美丽独特的自然景观和风景胜地。2008 年在北京举办奥运会也必将推动中国旅游业，加深世人对中国的了解。旅游业需要交通、安全、餐饮服务、翻译、导游、银行、专业的健康护理等等的支持。

家庭农业正在向规模化、高度机械化、企业化的农场经营方向发展；快速增加的工厂严重污染了空气、河流、湖泊；由于越来越多的水井和建筑工地抽出越来越多的地下水，地下水位正以令人担忧的速度下降。因此在很长时间里，在农业现代化，污染控制，有害物质处理，水资源的控制、再生、保护、供应，以及森林化和反沙漠化等领域仍然机会很多。

你还可以举出很多行业的具体例子，突出你所在领域里常见的机遇，包括技术专家、科研人员、机械师、手艺能人、导游和翻译、医疗培训师、污染控制和有害物质清理部门的工人和领导、各级健康护理人员、负责安全工作的专业人员、法律工作人员以及各级经理等等。

7.2　了解职业，研究职业（T16）

大多学生认为从毕业走上工作岗位是一种平稳过渡，并没有清楚地认识自己所要从事的职业，更没有为自己的职业生涯制订详细的步骤。在这个过程中，他们往往显得很迷茫。他们知道世界上有许多种职业，比如说医生、律师、教师、跨国生意人等等，但不知这些工作所包含的详细内容。

职业林林总总，在不同的地点、环境和时间，以及各种不同因素的影响下，可以衍生出不同的职业。由此，我们可以看到一幅简单而丰富的职业地图，它可分为四个板块：

（1）各级政府部门的公务员。他们的工作包括：通过法院执行法律，维持公共安全（警察、调查员及监狱工作人员），维护卫生设备，管理、检查建筑物，提供净水，保持空气洁净，控制传染性疾病等等。

工作环境。差异很大，从污水处理厂到舒适的办公室都有可能。

进入。政府部门通常充满竞争，越来越多的职位依靠能力来获得。

等级。公务员的工作有不同等级，从体力劳动到承担重大责任的工作各不相同，但要注意等级越高，所需条件越高。

晋升限制/提升。公共部门的职位通常容易得到提升，所以竞争很大。当然也有基本资格的限制。例如资历再深的库房管理员，没有会计师资格证也不能提升为会计师。

工作保障。公共部门的工作保障较好，在经济困难时期也少有被解雇的情况。

工资待遇。也许不如私营企业，但退休金有时颇为丰厚。

（2）教育部门的工作人员，也就是大中小学的教师和研究人员以及其他职工。

工作环境。差异不大——都是校园环境，或是与教学有关的医院和研究所。

进入。教师行业需要一定条件，通常是学士学位，大学教授的职位除了高学位，通常还需要通过严格的面试，以及较强的研究能力。

等级。中小学聘请教师，大学和学院聘请讲师或副教授、教授。高职位通常由低职位逐步提升。

晋升限制/提升。中小学教师可在工资和头衔上得到提升，但校长或副校长的职位名额有限。大学教员通过自我努力可升为正教授。

工作保障。教育部门的工作保障很好，在经济困难时期同样少有被解聘的情况。

工资待遇。中小学一般较低，大学较高。但是有能力的计算机专业的大学教授，如果换作在科技公司工作，可能可以拿到几倍于大学的工资。

（3）私营企业的工作人员。私企涵盖行业广泛，如制造行业、交通运输、建筑行业、旅馆饭店、旅游行业、互联网服务等。

工作环境。差异很大，从最低的法定标准，例如最低标准的安全和污染，最长的工作时间，到富丽堂皇的办公环境、私有飞机以及巨额津贴。不过大多数情况还是在办公室、工厂或商店。

进入。私营企业取决于企业的用人制度。一般好的公司在查看简历、面试和聘用方面都相当规范和严格。但有些小公司选用人才时则会睁一只眼闭一只眼。

等级。从体力劳动工作到承担重大责任的工作各不相同，等级越高，所需条件和经验越高。

晋升限制/提升。大多数公司都很看重工作人员的业绩。只要能创造成绩，就算自身条件受到限制，也能得到提升的机会。

工作保障。差异很大，可能不错，也可能很差，因为公司总是在"调整员工"，也就是随着经济情况的变化，雇请和解聘员工。高层人员工作的保障系数更高。

工资待遇。对于公司底层的人员来说很低。如果有工会的话，他们能得到工会的帮助。而经理则与他们成为鲜明对照，除了薪水外，还常有丰厚的红利。更高的职位和专家，如科学家、律师和会计师可能用股东身份以优惠价格购买公司股票。

（4）自由职业者，如个体医生、律师，还包括一部分能创造自我价值的人，如演员、娱乐明星、音乐家、作家等等。

工作环境。主要包括自由职业者的个人办公室或诊所，通常装饰舒适，自由随意。

进入。自由职业完全取决于获得的特定资格和持有的营业执照。具有创造性的自由职业者可以在任何时间任何地点开始此职业，但是作为演艺人员、歌手、乐手、作家等等，要想签一份赚钱的合同可不是容易的事，竞争激烈，要求苛刻，职位也很少。

等级。自由职业者只有一种进入的等级，比如完全符合医生、律师等等身份的要求和具有从业执照。

晋升限制/提升。除非是一支医生、律师队伍的领导，否则一般不会有晋升的机会。

工作保障。相当理想。因为自由职业者是靠自己的顾客开业，他们有最好的工作保障。只有不好的名声、强大的竞争，或小镇工厂搬迁造成的大规模失业之类的坏事才会严重影响客源。具有创造性的自由职业者的工作保障依赖于公众认可的程度或少数人才能做到的财富积累。

工资待遇。很好，有的领域可以说是异常好，例如精通国际商业法的律师。当然，也有少数自由职业者贫困或生活艰难，依靠第二职业为生。

　　为什么人们在工作之前要费尽心思地进行更多的学习呢？为什么不直接工作再通过晋升达到学习后同样能有的职位呢？这个问题并不是表面上那么简单。我们来看一下以下两个概念：

　　入行要求——第一份工作所需标准；

　　晋升限制——能在职业生涯中提升多高。

　　我们来看一个例子。陈先生是一家化学制品公司的基层工作人员，因为刚从普通学校毕业，他的资历也只能是低标准。花了几年的时间打扫实验室后，他被提升为实验室清洁主管，每天看着科学家做实验。陈先生也希望自己能成为一名科学家，但陈先生没有达到作为科学家的职位所需的标准，因此他的晋升受到限制，升为清洁主管后，就不能再提升了。

　　同样，青浩也想成为一名科学家，能够在宽敞明亮的实验室工作，但是他能高瞻远瞩。了解了该行的入行要求后，他便进入高等学院学习，努力达到要求。

　　比较这两位吧！陈先生立刻就能赚到工资，这可能是他的职业策略中唯一的优点。青浩在接受学习时是很穷困，但一旦学习结束，他就能成为科学家，得到大笔薪水和良好的福利待遇，这很快就弥补了之前的穷困。两人最大的区别还在于晋升限制。陈先生升为清洁主管后就没有发展空间了，而青浩还可以升为实验室总监。然后只要通过夜间班和周末班学习管理知识，他就可以胜任管理职位了，包括最高层的管理。

7.3　了解自己的兴趣，天赋、性格和价值

　　学生应该怎样步入职业地图呢？每个学生都应该清楚地了解三种东西：（1）兴趣；（2）倾向；（3）性格和价值。

　　（1）兴趣是我们平时感到喜欢的事物。我们经常会说："我想我很喜欢做这个。"心理学家进行了对兴趣的研究，其中最著名的观点是由坎贝尔教授和荷兰教授在斯特朗教授研究基础上提出的。我们每个人都有独特的混合在一起的兴趣，它可以被分解为六个不同的方面。

　　（R）Realistic（现实的）：运用工具，修理、制作或生产东西。

（I）Investigative（研究的）：运用科学，数学、逻辑、工程学、法律。

（A）Artistic（艺术的）：对创作和表述感兴趣，音乐、绘画、设计、戏剧、舞蹈。

（S）Social（社会的）：谈话、教导、管理、推动。

（E）Entrepreneurial（企业管理的）：领导能力，政治、营销、小生意。

（C）Conventional（传统的）：打字、数据资料登记、旅店、饭馆。

人们大多不会只有一个兴趣领域，而是有两三个。如果你选的是 S 和 E 两个字母，那么你可能会具备从事这两类工作的能力；如果选的是 S，E 和 I 三个字母，那么就考虑从事这三组字母的工作吧：SE、EI 和 SI。充分了解了你的兴趣后，就可以根据它引领自己找到合适的工作，避免让那些不感兴趣的工作"闯进"自己的生活。

这是一种有用的方法。一旦学生了解了自己的主要兴趣领域，他们就可以判断某种工作是否自己感兴趣，若不感兴趣，要么就拒绝，要么改变自己的兴趣。

（2）先天条件是基本的也是相当固定的特征，由此可以了解我们能够完成工作的大致情况。两个人都喜爱音乐，都希望成为钢琴家。其中一个善于以闪电般的速度移动手指，也有着完美的时间感与节奏感。另一个则手指短小且动作缓慢笨拙，简单的音乐节拍也不能掌握。他们都有音乐兴趣，但是只有第一位有这方面的先天条件。手指短小动作缓慢的学生应该放弃，因为他的先天不足使他根本无法实现在学习钢琴方面的愿望。

学生经常看到某项工作对技能的要求，要求社交和演讲能力，或是领导能力，他们就错误地认为那是他们没有的先天条件，不能应聘。这是错误的看法，这些能力是可以通过学习获取的，因此务必对学生阐明：

比如你对管理感兴趣，但担心对着一大群人说话会紧张。那并不像太矮了不能参加篮球队一样，并不是一种缺乏的先天条件。领导能力是一种可以通过学习获得的技能，从事每一项重要工作时，一开始都会发现自己缺乏恰当的技能。如果你不确定对某种工作是否具有恰当的先天条件的话，就试着学习。只要确定自己反应良好，不确定的只是技能而不是先天条件的话，机会就在你面前。记住，社交、演讲和领导能力都是我们可以通过学习获得的技能。

（3）最后我们要让学生想想自己的性格和价值观，想想自己如何才能在职位上得心应手。首先回答下面这些问题，注意不要只从我列出的选项中选择答案，因为这些选项只是帮助大家更清楚地理解这些问题，你可以写下你自己认为最好的答案。

你一生的工作重心是什么？（比如帮助别人，挣钱，发现新事物，当企业首脑，工作养家等等。）

你怎样看待稳定和冒险？（比如喜欢稳定，不介意工作时间和地点不固定，或者不喜欢工作地点不固定等等。）

你想供职的机构是什么样的？（比如不介意极具竞争性；喜欢小的机构——甚至是只有老板和我；喜欢当兵，为国服务；想自力更生，有自己独立的办公室。）

你想跟什么人一起工作？（比如当地的普通人，热爱团体工作的同事，竞争对手，学者等等。）

你想要多少挑战？（比如很多——不介意多次失败，因为你总得尽力做到最好；越少越好——我不大能管住自己，跟人竞争。）

你想多大程度上被人认可？（比如我一直崇拜政府领导和机长；我只想做踏实的公民，只要我家人清楚我的人品就够了；我想成为学者或科学家，我生来便喜欢听到别人的掌声。）

你想拥有多大的权力？（我希望能为学校决策；能成为法官；辞退我酒店里对客人粗鲁的雇员；拥有完全由自己控制的企业等等。）

你怎么看待自己所处的环境？（这显然是一个忙碌的城市，正因为这样才充满了机会；我想到安宁的乡村，因为那里空气更清新，对健康有益。）

做什么你能得到快乐？（产品制造，成功的领导，帮助别人，有钱，跟家人在一起，能够满足自己的兴趣等等。）

总之，工作"地图"里蕴藏着种种可能，但是并非每一种可能都适合每一个学生。学生应该考虑这样一些因素：

（1）适合自己的兴趣；

（2）有这方面的能力或先天条件；

（3）适合自己的性格和价值观。

7.4 根据现实的可能性选择职业

通过以上分析，学生应该已经有 3～7 个可能适合自己的职业选择。他们做了详细记录并作了仔细研究。但是一些看起来不错的职业也可能隐藏着种种挫折，比如该职业因为技术过时而渐渐变得不景气，另外一些职业则难以实现，比如想成为一位摇滚巨星，这样的机会可能比我们在餐桌上发现一块纯金的机会还小；而其他一些职业看起来前景光明——该领域的所有合格人员都有工作，而且人才供不应求；学生还应该学会展望未来，比如中国加入了 WTO——这个行业对人才的需求将会增大，一项新技术将进入——我得有所准备。

有时年轻人的选择面过窄。一旦他们的希望落空，他们的清单上却没有第二、三、四、五甚至第六选择。那时他们就不得不选择他们此前想都没有想过的职业。因此应当鼓励他们在找工作之前就列出尽量多的职业选择。

有的职业看起来非常刺激但是充满竞争。你将不得不决定你得面对哪些竞争，放弃哪些竞争。总之我希望你们能够直面竞争，尽力了但没能成功并不是什么丢人的事。比如没能被一流的国家事业性院校或航空院校录取并不丢人，只要努力了你就是最棒的。你不去申请，看看自己到底能不能成功，这才丢人。同时你将会发现绝对完美的理想是不存在的。你还得具有"牺牲"精神，比如为了把自己培训成当地的农业专家，我得离开我钟爱的乡村到喧闹的城市里去呆几年。

岔路在这里出现了。到哪儿去找适合自己的工作呢？公布招聘信息的渠道有报纸、工厂和机关的布告、企业网站、别人的言语信息、招聘会等等。还可以电话询问那些你感兴趣的单位，了解他们在哪些信息平台发布招聘公告，要怎样申请。在西方通过递交个人简历申请面试机会的情况很常见。对那些远道而来的招聘单位你要特别当心，你要仔细考察判断，他们中有些确实能提供好职位，有些则是骗子。他们吹嘘的好机会有可能是令人难以回首的可怕经历。

紧接着是面试。面试能给学生的角色扮演和全面训练提供机会。在面试之前做好充分准备方能取得成功。我们把面试准备分为四个部分：

思想准备。我们无法预测未来，因此面试前我们既要树立必胜的信念，也要做好失败的准备。不能有这样的想法："我必须赢得这份工作，否则我将崩溃，将一事无成，再没有任何机会。"而应该想："我正在寻求一份适合自己的、前途无量的工作。我得避免那些不适合自己的工作。我必须通过他们的检验，但他们也得通过我的检验。我将做好所有准备，以便向他们展示自己最好的才能。"

面试前。设想一下去该公司面试的场景是很有用的。可能一个秘书正在收集简历，安排面试。不要期望能和她有更多接触，以便她能在面试官前为你说好话。相反，她可能说你的坏话。她忙，讨厌不必要的电话和造访。她清楚面试官的工作是从候选人中选出最好的一个或几个。应该避免使她在面试官面前发这样牢骚："我不知道他面试表现怎样，但是他的材料一团糟——他的字糟糕透顶。""这个人说他10点会打电话过来却拖到了下午2点。"最好的办法是做一份简洁的材料，规范地填好申请表等等；衣着也应如此，整洁而不炫耀。

提前十分钟到等候室，不要气喘吁吁，也不要全身湿透。最好多带一份简历，看看还该带些什么材料。或许没有必要，但是也有例外，比如你参加一家摄影室的招聘面试，他们可能会看看你的代表作。一进入等候室，你就要做好思想准备：你前面的候选人是你最大的竞争对手——在你被带进去之前，他满面笑容地出来了。"陈先生，曾先生要见你！"秘书说。你可以进去了。跟面试官握手，等他让你坐下。

面试中。面试官也许会问："你想成为一名信息技术部的初级助理吗？"比如说，面试官将选10人参加复试，再从中选出5名。今天就得从72个候选人中挑出10个来。也许他们问每个候选人相同的问题，再给他们打分。

如果你没听清楚，你务必请求他解释清楚，比如你可以问："你是想要我谈谈我的电脑操作经验还是我的学术经验？"你得简要回答问题，6～8句的段落就够了。从面试官的表情、姿态和他提问的速度判断自己该说得多一些还是少一些。对那些自己不确定的问题，你完全可以问清楚："我说的是你想了解的吗？"

我们建议大家做一些准备，事先在思想上将一些常见问题的答案准备好。切记，在初始阶段，你对一些问题的回答应以这种形式："我没有做过……（比如信息技术助理），但是我的确有……"在这里你就得精心准备以展示你的能力。

"谈谈你自己。"抓住这样的机会概述你是一个好市民，能为公司增光，强调你的背景、进步、成绩和对事业的期盼。

"你打算在未来5年做什么？"那就谈谈你自己的设想。它也许太理想化，它也许包含变化，因为你才开始，有2～3种打算也不是坏事。顺理成章地把要应聘的工作纳入你的计划中，不要让面试官觉得你很快就会辞职。你也许会说："我想成为律师，我知道这份工作相当耗费精力，但每个人都会从某个地方开始，如果我被录用，我保证会在这里至少工作3年。我完全能胜任这份工作。"如果这份工作跟你的设想一致，一个满意的答案应该是："我想在5年内取得微软的网络资格认证，并希望能在贵公司当上信息服务部门的主管。"你的答案就已经向公司暗示了他们该录用有远见的候选人。

"你为什么对我们公司感兴趣？"有人居然会这样回答："不，我不是真的对贵公司感兴趣，而是对这个地方感兴趣，我只想在这个地方工作。"这样的回答显然愚不可及，它忽略了雇主的兴趣所在。相反，你应该尽量表明你了解该公司，对应聘的工作感兴趣。这是个工作学习的好地方，你的亲戚朋友在那儿干得都不错等等。你得表明你会尽力为该公司服务并希望该公司满足你的要求。

"你有什么工作经验？"如果你除了像在学生时代做做兼职之类别无其他，你可以谈谈其他方面的经验，比如工程、表演、演讲、电脑维护、在小建筑工地帮忙等等。这样的回答说明你诚实，也说明你既能融入团队工作，又有独立工作的能力。非常重要的是，你得在面试之前把你的经历清晰完整地回忆一遍。

"你有相关的工作经验吗？以前做过这样的工作吗？"作出你最好的回答，如果你答"没有"，你得说明你做过的相关的或类似的工作。

如果你应聘的是一个高级职位，面试官就会问一些涉及你领导能力的问题，包括以团队的方式领导他人，带领成员向共同目标奋斗，处理小组里各种不同意见和冲突，帮助成员达成一致见解，激发起对成功的激情和动力，尝试更高的目标和更难的挑战，赢得他人信任等等。

面试结束。面试结束时你可能遇到像"你还有什么问题要问吗"之类的问题。既然你已经为此准备了很久，就不要忘记了重要的是这份工作究竟在多大程度上适合你，而不仅仅是你得到了一个机会。开始阶段你可以提一个简短的问题涉及这一点，但是在复试时你就可以多问一些这样的问题。你得了解你的薪金和工作利益，但这还不是首要问题。你可能问的问题有：

升职——我怎样才能升职？公司升职快吗？

公司的规划和目标是什么？

公司怎么选经理——是从职员中提升还是从大学里招聘？

公司提供额外培训吗？

我将上什么班？

公司会派人到外地工作吗？

薪水多少？

福利（医疗、假期等）怎样？

关键是你得选择合适的提问时间。你可以首先问："可以问一个问题吗？""可以，但得抓紧时间。"那么你就问一个问题。如果回答是"可以，你有 10 分钟。"你就可以想一个问题清单。

通过你的提问，也向面试官展示了你自己。所以首先应问升职方面的问题（这个人有意在我们公司发展），不要一开始就问薪水多少（这个人最关心的是挣钱——挣钱第一）。观察面试官的姿态和表情，面试时间一完，记着微笑着跟面试官握手，然后快速而又不失风度地离开。建议面试者离开时说："我对这份工作真的感兴趣，迫切希望我被录取。我非常乐意为贵公司工作。"记住要感谢面试官给你面试的机会。

最后，面试结束后要严格按面试官的指示行事。这些指示可能是"请跟我们联系"，"请不要跟我们联系，我们将电话通知你"，"三天后请看我们的公告"等等。是否要寄封感谢信要看你参加的是什么级别的面试，申请高级职位的候选人一般会寄封长信，详细阐述自己的观点。低职位候选人则不用写这样的信件给公司。然后你得从面试中认识到自己的长处和需要改进的地方，因为这些经历和获得的技能今后你还会用到。

如果你有幸通过了所有的应聘程序，那么在你得到这份工作后，下面这些事项是你应该注意的。

　　录用后。跟面对所有陌生经历时一样，事先对工作有所准备是有益的。在工作地，你得学会站在别人的立场思考问题。还有，在你得到这份正式的工作之前你所有的担忧都是自然的，保持这样的危机感你就会做得很好。

　　你的工作需要你。找出为什么需要你的原因，确信你物有所值。公司招聘一位职员时总是对其怀着期望——他们能积极高效，能微笑面对顾客，精明的策划人员，可靠的司机，强有力的领导能力或是其他。从公司或上司的立场来考虑你的工作。和你的上司沟通，弄清楚公司要你做什么，确信你正朝该目标努力。它可以是一个工作计划，或工作目标，或个人目标——不管叫什么，总之你要弄清公司需要你干什么。有时候需要进行额外培训，比如新型计算机培训，你的工作将更顺利。要是公司能为该培训买单就再好不过了，但是如果确实需要，哪怕是自费培训也未尝不可。企业就得有规则、程序和期望，你得了解它们。好的企业都有培训，有时是几星期。培训时要努力，彻底理解学习材料。雇主这是在表明他需要什么，什么东西是重要的。要是没有培训，记下你正在学的东西并问你上司你还要学些什么。

　　注意你上司的风格。你得弄清楚他怎么评价你的工作。上司在对待下属上各有不同，但有的上司会详细评价下属的工作。当然你不要每天都去问："我做得怎样？"但是每 6 个月你就得弄清楚。还要记住，受到表扬固然是好，但最重要的是要清楚自己在哪些地方需要改进。

　　尽力展现自己的领导才能。刚开始，你可以通过腾出时间帮助别人，解决他们的问题，给出好的建议，使大家团结起来互相帮助等等，来展示自己的领导才能。这样的主动性可以帮助企业完成目标任务。

　　支持积极的企业文化。让自己远离那些不可避免的消极因素。有时有人会在休息时对你说："这个地方还不够糟糕吗？你难道不像我们那样恨这个鬼地方？我们只是在做一天和尚撞一天钟，等着退休，你工作不要这么卖力。"这些人的观点是没有道理的："工作应该让我幸福，使生活有意义。否则我就会沮丧、堕落，这样也会拖别人的后腿。"当然没必要与这些人为敌，但要对他们敬而远之。"我不那样认为。挣钱不是唯一的幸福。大家应该共同营造我们的工作环境。我希望我是积极的，所以我不赞成你们的观点。"

　　学生提出的典型问题：所有的这些都让我紧张。我不想去争取那些竞争激烈的职位，在当地找份工作比继续培训也要容易些，对我来说，看能否进

T17　学习领导才能：应当传授给学生的
一个重大技能是组织领导才能。

入国家军事学院。但要是不行不就太丢人了吗？

我们推崇这样的哲理："一有机会你就得全力以赴。"所以我们这样来看待这个问题："只要你尽力了，虽然没成功确实让人失望，但决不会令人害怕和羞愧。正相反，努力去尝试本身就值得敬佩。想一想国家队那些参加奥运会的运动员，没人能保证他们会夺冠，事实上，他们有时就在亿万观众前失败。但是他们依然受人尊敬，因为他们尝试了。"那么求职究竟要大胆些还是谨慎些？其实最值得期望的是自己的信心和活力。有了最具挑战性的经历后，你就会有这样的感觉。那些逃避挑战的人总是在后悔："要是……"因此尽力挖掘自己的潜力，定下高远目标。如果第一次失败了，再看看自己的目标，再努力。

7.5　培养学生的领导才能（T17）

培养学生的领导才能。培养学生成为年轻领导人的初步技能和态度。领导才能，简单地说就是与他人共同努力来完成困难的事情的能力。无论私人机构、政府机构还是教育机构都需要具有这种才能的人。领导让人们朝着一个共同目标奋斗并鼓励他们完成目标任务。一个好的领导会做些什么呢？正如德克（Drucker）教授所说，领导经常同别人一起制订计划。最好的计划需要让每个人都能理解并有机会参与。

当他们知道谁该做什么并且在这个过程中适合做什么时，他们就会有效地实施组织的计划；

他们就会安排好工作以确保合适的人在合适的时间做合适的事情；

在必要时，他们总结经验并采取正确的方法；

他们提出建议提高产品和服务的质量。

也可以用另一种方式思考领导才能的细节。下面的例子来源于提高工业产品质量：领导帮助人们达成共识，定义和支持一个共同目标，确立子目标，对每个子目标规定期望的策略和效果，监督每个子目标的完成过程并不断改进，同顾客、客户和团队成员交流，了解外面世界，形成观念和制定政策。

我们用以上观点审视领导才能就是要表明，领导才能不能生搬硬套某个定律。它是一种综合能力：领导要善于理解，目标明确，迫切想把事情做得更好。你可以教会学生一些简单的技能，讲些基本经验，首先让他们有一个好的作为领导的开端。

发言。锻炼学生在公共场合发言和表达的能力。学生往往一想到在公共场合发言就会想："那真是一种折磨，我只盼早点完事。"我们要把学生的这种想法变为："大声与别人交流是一项重要的技能，我正在努力提高。"这需要指导和练习，学生很快就会专注于自己的发言内容，思考自己做得怎样，而不是顾虑自己有多紧张。当你分配给他们不同的任务时，他们很快就能清楚自己的目标是什么。

◇清晰描述某事（可以借助视觉帮助）；

◇做一个能够说服听众的演讲者；

◇打动听众让他们行动起来；

◇把一个老套的观点陈述得很有说服力。

教他们你最喜欢的组织和发表短小演讲的方法，哪怕是最简单的公式，比如"首先，告诉他们你要讲什么；接下来选 3～5 个主要观点进行描述；最后告诉他们你都讲了些什么。"这种方法非常有用，在将来某个时刻，他们突然就会演讲了。

学生能够在你为他们设计好的成绩单上用分类的方式相互打分：姿态和手势，与听众交流的情况，活力，音调，组织和逻辑，总体表现。一轮结束后，要引导学生讨论，表扬一些学生的表现，但不能点名批评学生，比如可以这样说："青浩的活力和眼神与听众交流不错，有几个同学还得在这些方面多下工夫。"

在美国，顶尖的高中和大学都有辩论队。辩论队的成员在日后的生活中一般都出类拔萃。这种训练对他们来说将是终身的财富，因为辩论赛需要他们在有压力的情况下统一思想，尽力让自己的辩论更有逻辑，更真实，更有说服力等等。哪怕一点点的辩论训练都会让你的学生受益匪浅。

学生们应该随时准备好，一旦有人说："站起来给我们说说……"学生应该马上就能作出回应。最好先迅速组织一下再发言。通过思考以下问题来决定采取相应的应急措施：

◇这是什么场合？

◇目标任务是什么？

◇怎么完成？用什么方法完成？

◇谁负责？怎样组织的？

规划。流程图是进行规划的一种良好方式，具有多种用途——它可以作为一个计划，也可以当做一个有效的管理工具。比较而言，让学生应用你所教的方法比这些方法本身更重要。

一个简单的流程图可以很好地用于计划和理解一个复杂任务的过程。任务从左边开始，在右边结束。

因素非常简单。一个矩形就是一件事或它过程中的一步。比如陈打算写一个关于教育职业的报告，借助已完成的报告，他着手写作将在 1 月份上交的报告。他画了个流程图，问自己："在上交前要干什么呢？"答案就是他得对他的报告进行编辑和改进。在这之前呢？他得打草稿。

打草稿前他还得完成两步：从图书馆收集资料；采访当地的教师并做记录。由于这两个步骤关联不大，他可同时进行。

去图书馆没必要准备什么，但是采访得预先安排。

为了完成任务，陈对过程的每一步都做了记录，这样他就清楚整个过程并确保按时完工。加油吧！陈的初稿既不简洁又没有逻辑。他写了几次初稿，每一次都发现逻辑错误。做了 7 次，他的报告才变得整洁而有逻辑。

陈需要向其他队员描述他的想法——用流程图来描述。把流程图给他们看，再一步一步解释。它确切地告诉队员目标是什么，什么时候进行什么步骤以完成该目标。流程图也是一个简洁有效的交流工具。你在上面可以看到按逻辑顺序排列的五个步骤：得到允许，筹集资金，训练职工，绘图，庆祝。

现在以流程图为手段制订一个共同计划，教学生用演示板领导该班或小组，最后达成共识。以下这个例子帮助小组一起做成这个流程图。

学生领导将计划的最终目标打印出来，再用胶布将其贴在演示板上，然后添上更多步骤。他用粉笔把这些步骤连起来。在不同时候，成员们会说："顺序不对，而且有些步骤多余，有些必要的步骤却忽略了。"他问："你们都同意这样改吗？"如果他们同意，他就把这些纸条移到新位置上。

流程图可以作为管理的辅助工具。一旦成员都认为流程图是每一个工作步骤的适当图示，领导就可以确定一种责任机制。他会指着每个框问："这一步由谁负责，什么时候完成?"这当然要通过大量的讨论才能决定。成员们会发现时间不够用，但最后每个步骤都会由一个人或组来负责。班里每个人都能理解并参与到该计划中。作为管理辅助工具，最后你得把流程图放在每个人都能看到的地方。成员们画掉已完成的任务，这样，小组就会意识到他们在向目标进发。

达成共识，确立重点。下面是学生应该清楚和能够操作的一种方法：

（1）领导为每一个步骤做解释。这样学生就知道自己能期待什么，整个过程怎样进行。

（2）领导要求所有成员在纸上写下他们的前 3 个选择。如果成员太多，就把他们分成每 5 人一组，每组列一个选择清单。

（3）领导要求第一个人介绍 3 个目标，并让他在黑板上写下这些目标。

（4）假如有人只在黑板上写下了 1 个目标，那么替他加上 2 个并加以解释。

（5）领导然后说："每个成员投 10 票。请到黑板前来把你的票投出——10 票可以全投给一个选项；也可以投给 5 个选项——每个选项 2 票；还可以投给 2 个选项，一个选项 3 票，另一选项 7 票。总之，只要你投的票数不超过 10 票，无论怎样都行。"

（6）助手把每个选项的得票数统计起来，然后按得票数从多到少的顺序把这些选项排列起来。

该方法可灵活应用，比如可以要求每个成员列出 5 个目标。除了用于目标确立外，只要是需要囊括不同观点时都可用这个方法。有时因为选项太多，得写在很大的纸上挂满教室四壁。

组织。有效的组织活动意味着：

◇明确的目标；

◇完成该目标需要做的事情（子目标）；

◇如何完成这些子目标；

◇每个子目标需要什么样的数字结果；

◇责任机制，谁何时对什么负责。

团队能力。管理一个项目团队与管理一个学生组织是一样的。其相关技能包括有意识地照顾其他成员，帮助他们做得最好，让他们期望做得最好，使他们团结起来，交流信息，帮助团队作出决策形成观念，向上司反映观念，制定和遵守团队规定，作会议记录，组织选举等等。

会议技巧。会议组织者清楚开会的目的并通过会议日程，阅读材料、通知等文书，帮助与会者迅速了解会议目的。他们尽量使会议议程按事先安排进行。他们可以直接进入主题，也可以一步一步按会议程序进行，这取决于会议目的。其他有用的工具有：

（1）过程评估。过程评估是对与会者的表现进行评价，只评价过程而不是内容。例如可以说：

"谢谢你，弗雷德，让我们紧扣主题吧。你所说的确实让人感兴趣，但它跟主题关系不大。我们在这个无关紧要的问题上花了太多时间。我们开始处理复杂问题吧！今天就得处理，那么现在就开始吧！"

（2）轮流提问。有时会出现发言不均衡的情况，两个人一直在说而其他人闭口不谈。要解决这个问题，领导可以要求："你们能就这个问题给我一个简略的意见吗，陈，从你开始。"这样就可以确保每个人都能发表自己的看法。

个案研究。向荣是一个品学兼优的学生，但他的学校以脏乱差出名，这让他常常觉得很没面子。他希望改变这种状况。

（1）努力达成共识。向荣在跟他的朋友聊天时，发现他们中的许多人对学校的印象和他一样。接下来，他组织了一个"希望改善我们学校现状的非正式会议"。在会上，他准备了各种回答问题的对策，每个人讲完自己的观点，向荣都做了概括记录。有些人喋喋不休，向荣就会礼貌地打断他们的发言，总结他们的意见，然后说："时间有限，我们得听听每个人的想法，青好（一个沉默的同学），你的意见很重要，谈谈吧！"他要确保每个人都能有机会发表意见。

一个健谈的学生波说："这个主意总的来说是好的，但因为我们学校没有钱来维持日常的清洁工作，无论我们把它弄得多整洁，它都会再次变脏。现实点吧。"向荣并不紧张，他知道这种思想是存在的，而他要把它公之于众。所以他说："在波看来，任何努力都无济于事（这为波改变主意留下余地），但那不是事情的全部（他礼貌地说出其他积极的意见）。你们认为怎样？晏兵，你怎么看，悲观还是乐观？"（他没问波是对还是错，因为他不想波成为焦点，他想让同学把焦点放在有没有希望上。）晏兵说，这很难但也不是毫无希望。向荣迅速地向会场上的其他一些人问了同样的问题。他发现，"很难但也不是毫无希望"是普遍意见。"我们怎样才能达成共识呢？"他问。他把同学的意见记在黑板上。最后，这个会议达成如下共识：学校就该整洁。

（2）确立最终目标。有了共识，最终目标就好办了。向荣问："什么样的目标值得我们去做并且我们又有能力完成呢？"经过充分讨论，他们开始确定最终目标——西北面的楼梯间得清洗上漆。向荣组建了一个小型委员会，把观点不一致的同学也凝聚起来，给他们认可和信任。会议结束后，向荣让委员会把会议结果张贴出来，提前"预告"会在两周内召开一次全体大会，大家任何时候都可以和委员会成员交流。

（3）确立子目标。向荣让委员们确定子目标，每个子目标都有一套策略，一份简要说明——说明如何完成这个目标以及他们对每个子目标所期望的结果。

他们最终确定了这个项目的子目标：

◇获得学校的准许和支持；

◇筹集资金；

◇安全施工；

◇清洗、刮漆、刷漆、清理；

◇庆祝。

（4）写出每个子目标的策略和结果。

目标：获得学校的准许和支持。策略：全体委员安排与学校领导会面，概述计划，寻求准许和支持。结果：校长准许，准备好拖把、木桶、梯子等等。

目标：筹集资金。策略：资金委员会写信给每个学生的父母，请求捐助25元。结果：筹集到700元。

目标：安全施工。策略：安全委员会找到本地专业安全人员，请他们给大家作免费安全指导。结果：所有人都能应付可能由于梯子、油漆味、地面湿滑跌倒等引起的危险。

目标：清洗、刮漆、刷漆、清理。策略：委员会对志愿者按不同阶段的工作组队，安排每个阶段的工作。结果：当时在场的每个人都被问道："这样安排行吗?"所有人都回答："行!"

目标：庆祝。策略：委员会邀请学校领导一起参加活动，找到允许的场所，准备食物和饮料。结果：班级、父母和学校领导为此感到自豪，更为他们的团队工作精神感到骄傲。

（5）说明进程。向荣画了一个简明的示意图来说明完成每个子目标的所有步骤。每完成一个步骤就把它画掉。这样，人们一眼就可以看出哪些子目标已经完成，哪些还没有完成。这无疑是一种有效的交流方式，尤其当它贴在很多人每天都能看到的地方的时候。

（6）不断改进进程。在实施过程中会有很多改进的机会，比如有更好的方法来清洗墙壁。好的项目和优秀的项目领导人抓住每个机会对实施过程进行改进。他们听取批评，琢磨这些批评能带来什么改进。

（7）最后要注意荣誉给予。领导者决定荣誉归谁这个标准很难把握，因为我们都希望自己的努力被大家认可。但是向荣确实谨慎，当庆功会表彰他时，他表现得非常谦虚，一再感谢小组成员，以及学校领导的支持和准许。总之，他把自己的荣誉归功于整个团队，这才是真正的领导才能。有了这样的表现，他肯定会再次受到重用，因为他对他的团队充满信心，他努力成功完成项目不是为了个人荣誉，而是为了集体快乐。

把经历记录下来。学生应该把自己的经历记录下来，这样当学业结束，那些记录的纸条就会让自己想起以往的领导经历。拥有良好的领导经历在应聘时具有明显优势。作为教师，可以通过角色扮演让学生身临其境：假设你是一个公司的高层主管，你要招聘中层管理人员，你面对的是 3 个同样优秀的候选人。公司清楚他们的未来取决于他们的领导才能，他们也同样都想通过展示自己的领导才能来取得招聘者的信任。美国最好的大学都知道申请他们学校的优秀学生大大超额，所以他们同样要候选人提供详细的材料以证明他们的领导才能。

很明显，没有学生愿意为慈善募捐影响学业。但是如果有空余时间，这样的活动将会帮助他们在激烈的竞争中胜出。

角色 1　假设你是面试官和审查简历的人。你期望看到什么样的详细材料呢？你大概期望候选人：

是以一个好市民——我们公司可不想要罪犯、酒鬼和骗子；

善于团队工作——我们可不想要孤僻的人或处处唱反调的人；

领导团队其他成员——我们要他最终成为领导者而不是跟班；

带领人们向共同的目标努力，处理好各种分歧和冲突——我们需要这样的才能，因为团结起来才能取得成功；

建立共识，与他人分享成功的快乐——我们需要这样的才能，因为它决定我们的企业文化和氛围；

激起对成功的热情和动力——我们需要这样的才能，因为它是优秀团队工作的关键；

尝试实现远大目标和挑战——我们需要这样的才能，因为它是在激烈竞争中取得成功的第一步；

赢得别人的信任——我们需要这样的才能，因为要完成远大目标就得有人跟随。

角色2 试着用完整而又简洁的语言向假想的面试官解释下面这些情况：

被选为班级干部、社团领袖、俱乐部和兴趣小组干部，或者曾是这些组织的成员，虽然不是很出色，但也不无帮助；

在学校或社区救助活动（为学校购买设备筹款或看望社区病人等）中担任领导。参加这样的活动虽然并非优秀，但也不无帮助；

获得奖励和荣誉证书；

在激烈的竞争中胜出，取得参加夏季杰出青年代表会的资格；

组织同学完成某项备受赞扬的学校或社区活动；

受领导赏识并担任要职；

在出现分歧和冲突时把人们团结起来，解决冲突。

很多美国大学都要求候选人写一份个人陈述，这也会用于评估他们对领导才能的理解。

领导、管理和监督能力是用人单位所青睐的，这些能力是迈向职业成功的阶梯。我们常常指出，那些成绩不突出的学生如果能够在团队协作中发展自己的领导和管理方面的才能，照样能够创造出非凡的业绩。为提高他们的

> T18　办好学校：把学校建成高质量的组
> 织，有效地解决学生行为养成等各种问题。

领导能力所作出的任何努力，都将是每个职场人士未来生涯中一笔回报丰厚
的投资。

7.6　把学校建成一个高质量的机构（T18）

（一）引言：学校如何影响孩子

由拉特教授（Prof. Rutter）和他的同事进行的一项对英国中学的专业
研究表明：学校对学生有着巨大的影响。他们评估了伦敦市内 12 所中学提
供给学生的环境和给学生带来的影响，并试图阐明学校之间的差异会在哪些
方面影响到学生。

他们使用了三种测量数据：（1）入学变量，即学生入学时的情况；（2）
过程或生态变量，用来衡量学校的社团组织和他们提供的各种学习环境；
（3）结果变量，通过学生的行为及对学校的感情来反映学校的成果。

入学变量即量化了的十岁孩童的言辞推理能力，根据老师的行为测试方
式及其父母的职业对学生进行打分。生态变量包括地理区域、每个学校对学
生群体所作的人口学分析、父母的选择，以及其他反映学校内部过程的一些
变量。结果变量包括学生在学校的行为、缺课情况、参加标准化考试的成
绩、离校后的就业情况，以及他们的不良行为记录。

研究得出的主要结论如下：

（1）学生的行为表现和取得的成就因学校不同而大相径庭。虽然各校的
行为困难学生或低成就学生所占比例大不相同，但这些差异却不能完全解释
所观察到的变化。学校确实对学生存在着显著的影响，并且清楚地显现出有
些学校是要比其他的学校做得更好。

（2）学校取得的成果的差异与学校大小、建校年代无关，并且与学校的
行政地位或组织的种类无关。

（3）其差异与社会环境有关，这里的社会环境包括：对学术的重视程
度、教师的准备及职业化精神、激励及奖励的可获得性、提供给学生的良好
环境以及学生能承担责任的程度。

145

（4）如果一所学校有鲜明的特性，有目标感和凝聚意识等，诸如此类的素质决定着它的学生会从平凡走向优秀。

（5）一些影响学术成果的因素是外部因素。在那些至少大部分学生为中等能力的学校，考试（即学术方面的）表现要好得多；而在那些智力稍差的学生占了较大比例的学校里不良行为率较高。

研究结果清楚地表明：学校的质量以及学校教育的过程对培养出来的学生是有很大影响的。

孩子们从学习中受益，如果所读的学校设立了较好的标准，教师能树立较好的行为方式，能较好地传授课业，学生能获得表扬并被课以责任，那么学生今后取得好的成绩并不称奇，因为他们在求学阶段就享受到了一流的教育。

学生按时上课比现代化的教学大楼更重要。这表明了一种理念，即学校内部的气氛很重要，学校即使是在非常贫困的地区也能充当一支积极力量。那么学校如何才能建立良好而积极的氛围呢？

（二）把学校建成一个高质量的组织

美国一些学校曾花费大量财力用于硬件建设，但学校的学术氛围和学生成绩并不是像社会及家长们所期望的那样。为了改善学校的氛围，提高学校的整体素质，他们作出过许多努力，比如搞"质量运动"。简单说来，"质量运动"肇始于美国商界人士，当时他们注意到，在第二次世界大战后，日本公司的产品质量和市场份额远远超过了他们。比如索尼、丰田等日本品牌，在二战刚结束时，比起美国的巨型公司来说，小之又小，根本引不起人们的关注。但是在1945年到1970年这25年间，他们却发展成了巨人。他们做了些什么？美国商界聪明地发现了日本企业在以下五个关键方面所做出的努力：

（1）以顾客为中心。我们将生产顾客需要的产品，而不是生产我们认为他们应该拥有的东西。

（2）树立长远眼光。我们要成为可以信赖的品牌，不光父母们信赖，而且他们还会告诉自己的孩子和孙子我们可以信赖。我们不追求短期利益。

（3）持续提高。我们的产品和工艺绝非十全十美。我们总有可以提高的地方，并且我们将系统地仔细地提高我们自己。

（4）内发动机。我们最重要的资产是我们的人民对我们的好意、支持和奉献；最好的结果来自于我们的员工，他们相信公司的目标，信任这个组织对待他们的方式。

（5）领导层承担广泛而沉重的责任。在我们组织的任何一个环节发生差错，领导层都有责任。如果一名员工在上夜班时把事情搞砸了，我们就会问："管理者们是如何挑选他、训练他、监督他的？他懂得正确的程序吗？他有合适的工具吗？"等等。

当然，像这样的思想已经存在很长时间了。正是他们取得的绝对成功，才使他们获得了全世界的认可。他们现在实质上在每个发达国家都得到了认可。在美国有一项被称作 Baldrige Awards 的全国性的竞争性奖项，起初面向一些像索尼这样的大商业公司。不久美国各州设立了该奖项，并且把奖项的种类扩大到了公司、政府单位、非营利性组织和学校。

这些奖项从如下几个角度来评定有关组织：

◇领导层；

◇战略计划；

◇顾客和市场关注度；

◇信息及分析；

◇人力资源关注度；

◇流程管理；

◇结果。

有一所学校率先接受应用了这些观念，它就是佛罗里达州的 Pinellas County 学校。他们的一体化管理系统详见 http：//www. schools. pinellas. k12. fl. us/tchandbk/default. htm。

现在，让我们看看他们是如何把一所学校变成一个有实效的高质量的组织的。

（三）成功建立高质量组织的步骤

（1）确定目标。目标反映顾客的要求，然而对学校来说，定义其顾客并非易事。经过长期讨论，认为其顾客也许就是指州、城镇、大学、雇主和家长，但他们所占比例各不相同。尽管学生们的利益很重要，但他们并不是学

147

校的主要客户。

　　所确立的目标宣示了这个组织的共同信念。组织内的每一员工必须理解并且支持这个目标，以及由此而产生的价值观、信念和格言。这个目标务必充分满足特定顾客的要求。

　　（2）确定价值观，拟定格言。价值观至关重要，因为它承载着组织中每个成员的道德规范、精神信仰和行动指南。学校的价值观包括诸如公平、责任、高水准、提高、诚实、公正、高度的学生参与和与外界社会及全国新闻界的沟通等等。

　　即使目标和价值观被传播到每个人，他们也不能详细地记住。格言能够反映价值观的精髓，记住了格言，目标和价值观的核心就会牢牢地刻在组织中每个人的心中。许多组织机构如美国陆军军官学校等都有自己的格言，并成为全校军官学生必须遵守的行为准则。

　　（3）将目标分解成若干个子目标。子目标是目标的构成要素。可以这样来理解子目标："如果所有的子目标都完成了，那么目标也就达到了。"

　　依据所确定的目标，学校的子目标应该有：

◇学生的学术成就；

◇学生获得的外部奖项及奖学金；

◇满意度级别（各种顾客、员工、学生）；

◇学校开展的交流和合作（本地的、全国的、国际的）；

◇社区参与，新闻媒介的引用，公众认可；

◇通过外部审查及检验；

◇重大事件，安全、事故；

◇体育成就。

　　（4）为每个子目标设定一个或多个策略。把所设定的策略用最惯常采用的方式列出来，避免描述烦琐的细节。

　　（5）为每个策略制定一个或多个所要求的结果。这些要求的结果必须是数字化的——合计数目、百分比、等级、频率、分数、间隔等。

　　现在，我们就有了一些主要的质量策略：由目标、策略和结果所构成的表格，这些策略说明了我们将如何达到这些目标，是我们实现目标的具体体现，其功能相当于一份进展报告书。"这就是我们通过策略所要达到的目标，它确切地表明了我们将如何达到预定的目标。"

"目标"、"策略"、"结果表格"是质量管理的核心。

（6）确定每个策略的过程。详细列出每天所要进行的活动，这是执行策略所必需的步骤。

（7）确定所必需的人力资源。此处的重点问题是顺序。首先，策略过程已表明应该完成什么任务，然后就是决定设立些什么职位和由什么样的人员来完成这些任务。

（8）训练领导层。领导层从事系统组织工作。领导人员要做好四件主要的事情：

◇与顾客交谈；

◇发现及领导市场潮流；

◇设定目标，确立策略和计划；

◇评估结果并根据该结果采取行动。

（9）建立信息系统。当基本的设计已经就绪，规划者们所面临的问题就是："我们必须获得哪些信息？"信息系统必须提供如下有关资料：

◇向目标迈进时所取得的进展；

◇领导层的有效性；

◇进展怎样；

◇支持性的服务运行怎样；

◇需要开展的培训和再培训；

◇竞争对手的做法；

◇改进工作的进行情况。

该系统一旦完成，数据流就会变得迅速而简单。

（10）排列组合事件及最终结果。目前我们所描绘的仅是具有一个层面的简单组织，而复杂的组织有很多层面。下面这种方法能确保每一层面都能充分支持总体目标并对总体目标负责，它能确保各种努力都指向同一方向。我们以一所假想的有多个部门和班级的学校为例。

一切从学校的目标开始。该目标又由另外一些目标构成，这些目标都有自己的方法和结果。

每一个子目标都由一个部门来实现。

149

　　学校目标变成了该部门的目标。该部门又将本部门的目标细分为更小的子目标、策略、方法和结果。比如该部门让某个班级来实现它的某个目的，该班级就以相似的方式把该目标细分为子目标、策略、方法和结果。

　　学生则会把班级的某个目标作为自己的目标，以如上所述的方式实现该目标。

　　部门、班级和学生绝不会实施那些非组织的任务。当学校的目标有组织地传达到该组织的每一个成员时，每个人就会向同一方向努力。

　　首先班级得完成它的目标。学生的表现综合起来就是班级的表现。同样，班级的表现综合起来就是部门的表现。就这样学校最后把部门的表现综合起来，达到自己的目标。

第 *8* 章 18 个工具之外

8.1 自尊心 情商 智商

这本书还没有写自尊心。自尊心对于所有的儿童都是非常重要的，很多朋友认为教育的主要任务之一就是培养孩子的自尊心。

自尊心当然不是心理学家的专利，人们应当对他们是谁和他们应该做什么有恰当的认识。过去，自尊心研究人员指出欺负弱小者和受伤害者的问题："他们出现这些坏行为是因为他们的自尊心水平低。帮助他们更好地进行自我感受，他们就会不再有类似的错误行为。"很多缺乏训练的咨询者和治疗师信奉这个观念，因此他们对孩子说："你是个了不起的人。"

这样的"咨询"有两个致命的问题。首先，最近的研究动摇了自尊心倡导者的观念。研究说明，欺负弱小者和损害他人的青年人有非常强的和积极的自尊心，他们对自己的权力和地位感觉良好，他们不想失去这些。第二，这种方法没有效果。孩子们很聪明，他们知道"咨询师"所说的意思，但是他们还是做不出数学题来或者做不到其他。他们知道，当任何事情都还没有发生变化时就表扬孩子是一种错误方法。没有研究资料支持这种方法。

我们认为有个更好的理念——自我效能。换言之，假如一个孩子心里想，"我认为我是个不错的人"，这也不坏，但是假如他说，"我认为我是个可以做事情的人，我能够解决问题，我能够做好"，这就更好。这正是本书所要说明的问题——积极的技能——怎样擅长思考、控制情绪、考虑到他人等等。强调积极而有成就的生活，包括思考、情绪控制和自我教导，比强调自我感觉良好的生活更好。

很多事情都无法通过自尊心来进行判定。假如自尊心水平高，我们并不知道它高的原因是什么。或许有好的理由，或许只是建立在权力、财富、时尚和欺负弱小等的基础之上。但假如自尊心水平低，我们就必须教育学生，使他们获得建立在对自己新的认识基础上的扎实的技能。一旦学生学会了这些技能，他就有了较高的自尊心水平。但是我们认为，强调连续的技能发展更佳，这样学生就能够解决更多更困难的问题。我们关注三种技能：思考、教或学、保护，因为这不仅仅给孩子带来自尊心，而且带来了真正的竞争力。我们要提醒学生全面检查对自尊心的认识，将自尊心和以自我效能为基础的自我观念进行比较，学会做事。

这本书也还没有提到情商。为什么不提及呢？关于情商的定义和特点几十年来一直存在争论，迄今为止还没有形成关于情商统一的定义。几年前，丹尼尔·戈尔曼（Daniel Goleman）给出了他称之为"情商"的概念以及他对于这一问题的看法，这立刻引起了轰动，因为家长和老师认为他的观念将有助于学生的学习。下面是心理学家对情商作出的总结：

（1）自我意识，即能够认识到自己的内心感受，当各种感受发生时能够体察；

（2）控制心态，即能够控制冲动，当愤怒、沮丧、欣喜若狂时，能够恰当有效地控制自己；

（3）建设性激励，即能够灵活面对沮丧，让生活愉快而乐观；

（4）移情，即能够感受到他人的感受，能够就他人的重要感受和他人的健康状况作出行动；

（5）社会技能，即首先能够适应环境和与人良好合作，其次能够解决问题，能够安慰他人，能够通过激励将人们凝聚在一起。

什么是智力测验和智商？智力测验正逐步商业化。每个好的测验背后都有大量的数据做后盾，这种测验有三个特征：

测验有信度。信度是指这个测验反复进行，结果都是一致的。如果用同一支温度计在 10 分钟内进行 5 次测量，而每次都得到不同的结果，那么这个温度计就没有信度，其结果也就没有价值。同样，假如测验没有信度，也就没有价值。

测验有效度。效度是指必须测验需要测验的东西。对焦虑的测验表明它测验的是焦虑而不是兴奋或者愤怒；阅读技能测验必须是测验的阅读技能，而不是注意力或者记忆力。

测验有相关度。举个例子，我们通过测验得到了美国 3000 名学生的数据（称为测验的标准），现在假如我们对另一名美国学生进行测验，这就有了相关性比较。假如我们去测试一名中国学生，我们就不知道与那 3000 名美国学生相比较，中国学生分数的高低意味着什么，因此虽然对这名中国学生的测验有效度和信度，但却没有相关性。

所以建立测验标准是必须的，因为标准关系到代表谁的问题——城市、农村、汉族、少数民族、北方人和南方人等等。标准的覆盖范围应该更大——大型测验包含 5000 人以上。

好的测验都有一个翔实的说明手册。手册给出了建立信度、效度和相关度的要求。应该避免没有数据资料支撑的测验，尤其要避免那些让孩子看一些奇怪的形状，并让他们作出回答的测验。

好的测验要有合格的管理人员。在美国，严肃的心理测验只能由合格的心理学家来进行，不合格人员进行心理测验是不道德的，因为不正确或者不合格的测验结果会造成对接受测验者的潜在的伤害。报告测验结果的含义必须考虑到年龄、性别和背景等因素。测验的结果不是红绿灯，倘若解释有误的话，特别是给出了像精神病或者智力障碍这样的标签，会给孩子和家长造成巨大的伤害。

有用的信息：

（1）假如我们面对一个个需要作出判断的问题，例如我们需要判断这是沮丧还是敌对性，那么测验就是一种有效的和合理的方法。测验可能得出哪种情况更加具有可能性的结论。

（2）假如我们对问题毫不了解，假如我们在寻求指导，那就一定要小心。例如有位学生在学校表现不是很好。他的父母说道："难道我们不应该让他作个测验，看看他的智力如何？这样就没有了猜疑，对吗？"一般我们对此持否定态度，不能够因为这些原因做测验。

　　智力测验目前在中国的确很有市场，而这些花费昂贵的测验在美国和欧洲已经衰落。这类测验往往只包括一小组数据，像词汇、空间技能、瞬时记忆等等。这些测验的结论能给我们什么启示呢？首先，最大的发现可能是，"他不是块上大学的料"，或者"他的数学能力比口头表达能力差"，而这样的结论，完全可以从他以前的学习成绩或其他表现中得出。第二，很多学生的分数可能在中间区域，或者不在这个区域。对于这些学生来说，预测成功或者失败不是依靠智商的高低，而是有赖于他们的学习能力、动机、决心和坚持，来自于环境的影响和支持。智力测验对于这些因素不能够作出任何判断。

8.2　学校咨询者面临的问题——个人的问题

　　我对我是一个怎样的人有相当清楚的认识，我想改变我的一些特征和个性，这可能吗？

　　答案是肯定的。你想改变什么？与学习和记忆有关吗？一段时间后你很可能会有大的改变。与你的个性有关吗？与你的精力水平、害羞程度、焦虑水平有关吗？这些方面的改变也有可能，但在改变的程度上可能更温和。以每个人都有的常见的害羞为例，你可以使用下面的步骤：

　　◇树立特定的目标——我想能够走进全是陌生人的房间，能够微笑着和很多人打招呼；

　　◇制订计划——为了练习自信，我需要找个到处是陌生人的房间进行练习，我也需要准备忍受由此产生的焦虑；

　　◇显示出决心——第一次我是如此紧张以至于我不想再试了，但是我已经决定了我要试，因为我知道我尝试得越多事情就越容易；

　　◇你将取得成功——假如你长期练习，必会增加你的社交技能。你想和克林顿总统一样镇定自若、一样自信、一样放松、一样熟练和一样自持吗？也许做不到！但你的变化绝对让你惊喜。

　　通过朋友来改变我们的缺点是不太可能的。让我们来看看陈。可怜的陈对于他的内向很不满意——没有学习到他人的技能。他有个想法，假如秦好喜欢他，秦好外向的性格以及与他人和睦相处的技能将弥补他的不足。当陈在秦好周围时，秦好感觉到陈的需要和依赖——他不愿意这样，因此他选择了回避。让陈变得更加外向的方法是培养主动打招呼和与人交谈的技能，应该用愉快的情绪渐渐摧毁内向的性格而不是靠朋友。

　　我的问题是我很孤单。我想我像陈一样，没有真正的朋友。我怎样才能够交个朋友？我努力试过，但是却无果而终。我该怎么办？我希望我能了解你的情况的更多细节。

　　下面是一些总的看法。有时候人们没有朋友是因为：

　　◇可能自身有明显的缺陷而赶走了朋友。例如口臭、头发肮脏、身体有异味之类的问题。但是也有其他问题，例如姿势不雅、爱发牢骚、只关心自己或者不能够仔细听取别人意见。

　　◇他们仅仅"想交朋友"的行为让其他人感觉不舒服。可能太友好、太顺从、太满脸堆笑了，总之，接触得太过分了，以至于人们明显的有紧迫感，想离开。

　　◇他们没有认识到其他人想结交这样的朋友——他们有目标、有造诣、能够考虑到他人等等。的确，有时候没有成就的、行为不良的人似乎也能成为他们的朋友，这主要应归功于他们所给予对方的关心。

　　自身形象整洁干净、仔细而敏感地倾听别人、接触一些有成就和风趣的人，这些都是获得友谊的可能途径。

　　我对他像着了魔一样，我喜欢靠近他听到他的笑声，假如他生病了或者受伤了，我会好好照顾他……我没有告诉他我的感受，假如他发现了这些，我会尴尬死的。我真是个疯子，是吗？因为我只有13岁。

　　恭喜你，你已经迈进了青春期的门槛。你一定不要认为你是不正常或者是疯狂的。"这些感觉完全正常。我将会有一些这样的感受，这些感受将随着我长大而变化。有时候，我甚至将崇拜离我遥远的人——那个人并不知道我的感受。有些感受将很愉快和甜蜜。我将发现有趣的和值得我交往的人。"这个年龄阶段的你会用害羞来保护自己的内心。紧接着你要学会与异性交往的技能，以及如何同他们相处。

我已经发现了我的"唯一"。我知道我们太年轻——她15岁我17岁，但是我想和她结婚，她也想和我结婚。我知道这意味着等待，我们不打算做任何特别的或者违法的事情，我们能够等。我不仅仅在恋爱，我还有重大的承诺和生活的目的。她现在就是我的整个生活。这不是问题吧？

我们很尊重你的坚强和承诺。然而统计数据表明，像你们这种情况的大多数青年人最终并未成为伴侣。当然也有少数人结了婚。因此坦白地讲，作为15岁和17岁的学生，不要错过了学生时代你能够获得的东西，这至关重要。伴随着对学业或者个人爱好的追求，你会发现感情并不是最重要的。但是或许你们就是那一小部分，你们将履行一生的承诺。倘若是这样，你真太走运了！

我不知道哪里出了问题。几个月前，我与一个男孩子交了朋友，他代数有困难，而且还无法接受失去前女友的事实。我为他付出了大量时间和感情，一段时间里我们关系不错，他在班上的表现也好多了。但是现在，当我向他提出一些建议时，他很粗鲁地拒绝我。我是否遇到了一个不知道感恩的人？

救助某人并不能作为长期友谊的基础，因为拯救者有权力，而被拯救者没有权力。在友谊中权力和独立同样重要。不可避免的是被拯救者尽力要获得权力和独立——在你的案例中，如果你期望通过强迫来让他跟随你，最终结果只能是他拒绝你，你感觉自己像个牺牲者。而正确的做法是——忽视你自己的建议。

交朋友过程中怎样给予礼品和礼物？

这个人本来不是你的朋友，你送件礼物给他，于是他就成了你的朋友。这个想法太糟糕了！让我们看看这种交换：不在乎你的人在得到礼物后就关注你，你们友谊的核心在于你的给予，而不是你是什么样的人，这不是友谊，而是交易。这种友谊不可能持久，而且假如接受方很敏感，他可能会因为你企图用礼物或者金钱来操纵他而轻视你——友谊具有健康优良的核心，不能够企图用礼物或者金钱来购买或者操纵。

8.3　学校咨询者面临的问题——财富

我能够忍受比班上其他同学贫穷，但是我不能够应对几个因为我糟糕的用具而嘲笑我的学生。我该怎么办？

我们理解你的挫折感。让我们分析问题吧：首先，保持沉默是很不错的做法。不理智的声音说："这太侮辱人了，我难以忍受。我必须生气，失去镇定，打他们，不论后果如何。"这种非理性的声音将导致更多的麻烦，你能够战胜这种声音值得庆贺。

现在，理性的声音这样说："他们感觉比我优越，因为他们拥有我没有的物质财富。他们的优越感如此强烈，以至于他们看不到我的尊严，他们觉得用我不能够控制的事情来侮辱我理所当然。假如我生气抓狂，他们将觉得更有趣。因此我不能够掉入陷阱。我不隐藏任何东西，我不会为我的贫困感到羞耻。"

你可以这样应对嘲笑你的同学，坦然地向他们说明自己的家庭困难和现在没有钱买好的衣服。我觉得这一点都不好笑。

我对商业感兴趣，特别是对怎样让我的金钱增长感兴趣。什么是复利？增值是什么意思？

赚钱和管理金钱本身就值得研究。复利、增值以及贬值是有助于你现在考虑进行财富计划的关键概念。

复利这个概念很简单，就是"利上利"。例如你在银行有 1000 元存款，银行每年付你 4% 的利息。第一年末，你将有 1040 元。假如你将钱继续存在银行，在第二年末，你将有 1081.60 元，额外的 1.60 元是第一年的利息在第二年产生出来的利息。这看起来似乎没有很大的差额，但是在长期的投资计划中这很重要。注意下列一组数据的变化：

在第 10 年末你将有 1480.24 元；

在第 20 年末你将有 2191.12 元；

在第 30 年末你将有 3243.40 元；

在第 40 年末你将有 4801.02 元；

在第 50 年末你将有 7106.68 元。

在这个小例子中，假如你的 1000 元存 50 年，以复利计算将给你带来 7 倍的增值！

现在，我们来谈谈增值和贬值的概念。这两个概念都是财政金融术语。增值意味着一段时间后东西变得更有价值，贬值则相反。大多数消费品，特别是汽车和摩托车等，随着时间的推移价值会逐渐减少。下面的表格表明了两种情况：汽车以 25％ 的速度贬值，投资以 5％ 的速度增值。

开始年份	汽车以 25％ 的比例贬值	投资以 5％ 的比例增值
1	100.00	100.00
2	75.00	105.00
3	56.25	110.25
4	42.19	115.76
5	31.64	121.55
6	23.73	127.63
7	17.80	134.01
8	13.35	140.71
9	10.01	147.75
10	7.51	155.13

购买高贬值的物品是糟糕的投资，不断购买这类物品的人不能够积累财富。汽车是最糟糕的例子，还有昂贵的时装也是贬值的典型。一旦购买了，它们就几乎没有价值，而只能作为消费品。

通常，能够增值的东西也会出现贬值，因此购买这些物品总是存在风险。比如财产，即土地、建筑物、公寓、艺术品、宝石、古玩，以及公司的股份。假如你购买的公寓位于越来越多的人想去居住的地方，你用 10 万元购买了这套公寓，两年后，人们可能愿意付 11.5 万元购买，你就获得了 1.5 万元的增值利润，这是不错的投资。但是有时候，如果有工厂迁入或其他原因，购买这套公寓的需求将消失，几乎没有人想购买这个位置的公寓，公寓的价格就会下跌。

　　风险和利润是相关的。假如你将金钱投入到可能获利的东西上——比如你考虑创建自己的公司或者商店——这就是很大的冒险，你可能赚很多钱，也可能会损失很多钱；假如你寻找低风险的投资，你又会发现这其中的利润微薄。

　　你完成了学业以后，还应该为以后的大宗购买和退休储蓄钱财。我们希望你在增值的财产上投资，但是在投资以前要研究它们。国家经济不断发展，通过投资和储蓄拥有大量财富的机会也会越来越多。

8.4　学校咨询者面临的问题——职业

　　你说未来的工作不太可能长久或者稳定，难道这和忠诚有关系吗？

　　是的，我们相信未来的工作变化更多。公司会用最低的成本将劳动力变为最好的团队，因此员工也必须寻找和自己的付出等值的利益。假如你找到了一份更好的工作，那么就接受它。但是要小心还没有找到新的工作就被辞退了。新老板将研究你过去的记录。雇佣期过短——比如6个月至2年——会有负面效果，除非你的离开是因为提升，或者除非是因为公司减少雇佣劳动力。至少3至4年的雇佣期才能够为你的"跳槽"找到合理的理由。

后 记

朱利安·泰普林（Julian Taplin）先生所著的《给教师的 18 个工具》，主要根据心理学的理论给教师提供了 18 个方法，这些都是教师应掌握的心理学方法。最初泰普林先生给这本书拟定的英文书名是 *New Practical Success Tools for School Teachers*，我们将书名定为《给教师的 18 个工具》，自然就将英文书名直译为 *18 Tools for Teachers*。于是我们就对称地将本书的姊妹篇，我所写的《给教师的 20 把钥匙》的英文书名直译为 *20 Keys for Teachers*。这种直译显然不是地道的英语，但非常简单明了。

泰普林先生和我在合作的过程中有一段小插曲。泰普林先生用英语对我说："我写了 18 个工具，你何必要写 20 把钥匙呢！你最好也是 18。中国人不是很喜欢 18 这个数字吗？"不同的人对数字有不同的偏爱，其中有"文化"的原因。我对数字没有啥偏爱，顺其自然。不过我并不一定喜欢 18（要发）。我内心真的有点喜欢 20 这个数字。我没有告诉泰普林先生 20 这个数字很有意义，因为孔子的《论语》一共就有 20 篇。"18 个工具"与"20 把钥匙"既对称又破缺，两个数字不一样，我觉得还好些。我的第一专业是物理学，所以我总以为"对称又破缺"是最美的。

在西方文化中，"工具"这个词应用得很普遍。古希腊哲学家亚里士多德（Aristotle，公元前 384～前 322）著有《工具论》（*Organum*）一书；后来，英国哲学家弗兰西斯·培根（Francis Bacon，1561～1626）著有《新工具》（*Novum Organum*）；美国哲学家、教育学家、心理学家杜威（John Dewey，1859～1952）对实用主义加以发展，提出工具主义（instrumentalism）。泰普林先生强调要给教师新的、实用的、成功的工具，这是完全可以理解的。在教师培训中强调给教师"工具"，就是强调给教师方法；同样，强调给教师"钥匙"，也是强调给教师方法。

在西方文化中，将教育学与心理学整合起来，将教育学建立在心理学的基础之上，首推德国教育学家和心理学家赫尔巴特（Johann Friedrich Herbart，1776～1841）。他于 1806 年发表《普通教育学》，至今已 200 多年了。赫尔巴特的《普通教育学》全称是《从教育目的引出的普通教育学》。他在心理学关于"表象"、"统觉"的基础上，建构了教学的基本过程，分为四个阶段：明了（或译为清楚）、联想、系统、方法。这四个阶段对应的心理要求分别是：注意、期待、探究、行动。他的门生将"四个阶段"发展为"五段教学法"：准备、提示、联系、统合、应用，曾风行世界。赫尔巴特首开在心理学基础上进行"教学建模"之先河，就其《普通教育学》的最大影响看，这基本上是属于"建构性理论"。其优点是针对性强，有适应性和明确性，既能上升到哲学、科学的高度，又能转化为具体操作的程序，能促进理论与实践的结合。

《给教师的 18 个工具》与《给教师的 20 把钥匙》各有侧重，但本质上是统一的。在《给教师的 20 把钥匙》中，我采用了思维模式的"四分法"，这可以追溯到孔子的思想。《论语》："子以四教：文、行、忠、信。"孔子用四种方式教育学生，恰恰对应着上述四种思维模式：

"文"指文化知识，强调逻辑思维，教学中要"晓之以理"；

"行"指行为实践，强调操作思维，教学中要"导之以行"；

"忠"指忠心处事，强调情感思维，教学中要"动之以情"；

"信"指诚信交际，强调交往思维，教学中要"传之以神"。

在解决教学问题时，晓之以理、导之以行、动之以情、传之以神四种方式都应用到，教学效果难道会不好吗？孔子在教学中用了四种方式：文、行、忠、信，这恰恰对应着现代心理学强调的四要素：知、行、情、意。可见孔子的教育思想中也包含有心理学的内容。

现代心理学强调的四要素：知、行、情、意，已经引申出四种理论：

"知"方面已有认知主义心理学，着重解决认知方面的问题；

"行"方面已有行为主义心理学，着重解决行为方面的问题；

"情"方面已有人本主义心理学，着重解决情感方面的问题；

"意"方面已有建构主义心理学，着重解决群体方面的问题。

上述分类当然是相对的，并非彼此孤立，而是相互联系、你中有我、我中有你的。既要分类思维，又要组合思维，这样才是辩证思维。"知"方面有认知主义心理学，"行"方面有行为主义心理学，"情"方面有人本主义心理学，这些是容易理解的。为什么把"意"与建构主义心理学联系在一起呢？"意"指人的意志，既有个人的意志，又有群体的意志。建构主义心理学强调学习的社会特性，着重解决群体方面的问题，所以相对地可归在"意"这一要素之下。我认为，当今上述四种心理学理论共存着，发展着，相互影响，相互渗透，并不是要用一个理论取代另一个理论。

泰普林先生所著的《给教师的18个工具》，是根据心理学的理论，给教师提供了18个方法。泰普林先生并不把自己局限于某种心理学理论，并不把自己局限于某种主义，而是从实际问题出发，针对具体问题的解决，提出有效的"工具"。

国际公认的教育理念是：国际理解，回归生活，关爱自然，教育民主。这也是将四种思维模式综合了起来。国际理解，重理性，着重逻辑思维；回归生活，重行为，着重操作思维；关爱自然，重情感，着重情感思维；教育民主，重社会，重群体，重公民意志，着重交往思维。四大理念综合起来，就是一种系统思维。

国际21世纪教育委员会向联合国教科文组织提交的报告中指出，教育有四大支柱：学会求知（learning to know）、学会做事（learning to do）、学会共同生活（learning to live together）、学会做人（Learning to be）。学会求知，着重逻辑思维；学会做事，着重操作思维；学会共同生活，着重情感思维；学会做人，着重交往思维。四大支柱综合起来，也是一种系统思维。

当前，中国教育发展的大方向是教育部一再强调的实施素质教育。教育是要培养人，重在提高素质，主要包括四大素质：思想道德素质、文化科学素质、劳动技能素质、身体心理素质。国际21世纪教育委员会强调的教育的四大支柱与《中国教育改革和发展纲要》强调的教育要培养人的四大素质，本质上是一致的。四大支柱与四大素质从整体上看，是全方位对应的，由此可以看出实施素质教育的重要性。《给教师的18个工具》与《给教师的20把钥匙》，都是直接为素质教育提供可操作的方法。

我们的这两本书，教师们读后如果这样评价："有用，实在。"我们就心满意足了！

泰普林先生与四川教育出版社安庆国社长是很好的朋友。泰普林先生写信给安庆国社长，期望我们的这两本书能由四川教育出版社出版，得到安庆国社长的大力支持。我们十分感谢四川教育出版社安庆国社长、陶明远副社长、责任编辑张纪亮先生和谢志良先生，以及四川教育出版社的其他先生们和女士们。由于他们的努力，使这两本书的编辑、出版、印刷、发行，都做到了尽善尽美，又快又好。

查有梁

2007 年 2 月 15 日

写于成都杜甫草堂